獻給麥可。謝謝你用生命創作，做了最好的示範，生日快樂。

叫你不要創作的
不是對你好的

123個創作練習，陪你一起找回快樂

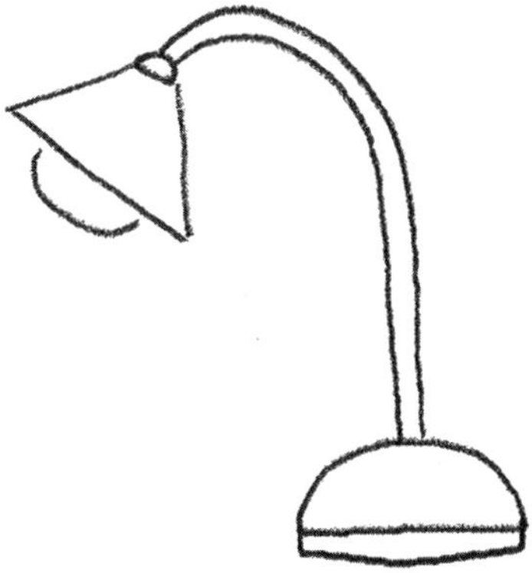

盧建彰 Kurt Lu・著

Don't let them tell you not to create.

推薦語

在二十五歲憂鬱症的時候，曾寫過三百多篇文章，每天寫，毫無目的地，似乎若是不寫，就無法好好活下去一樣；我也經常獨自背著相機去很遠的地方拍照，把所有的能量都放在拍照和書寫上，這些事對我來說是一種創作，不為了誰，為了自己。無論作品好或不好都不重要，重要的是我必須這麼做，將情緒和情感抒發了，我就能繼續隨著日子往前走。

我們總為過去糾結，為未知焦慮，為當下不安，我們總為無法控制的命運、時代、大環境對抗，然而一顆不安的心，無論有多少才華，都會摧毀真正的洞見和快樂。喜歡Kurt在這本書中，以他獨特的生命視角和最溫暖的方式，提醒我們能夠創作、還有創作、唯有創作。

其實，生命的存在就是一場創作，我們每個人都是藝術家。

——Ting & Hank・只能喝酒的圖書館

創作是創意的生發，通常得顛覆習慣領域，從尋常事物中看出不尋常，並學習自柳暗花明中找尋全新的意義。本書作者看似談論創作的意義與實踐，其實也正袒露個人獨特的生命哲學。他揭櫫在創作中尋找快樂的必要，強調只要常常抬頭看天、俯首想人，就能在悠悠生途中輕易看見美麗的天光雲影。

書中闡述波特萊爾的「漫遊者」概念，間接履踐阿爾卑斯山公路上提示的標語：「慢慢走，欣賞啊！」的理念，追求遍嘗千萬種人生滋味的終極目標。文字親切簡淨，情感澎湃熱烈，擅長以鮮活的另類思考淋漓盡致詮釋創作的奧祕。在坊間諸多剖析創作的常見套式中，儼然形塑出另一種低調卻拔高的新腔調，本身就是創意的展現。

——廖玉蕙．作家暨語文教育學者

英國小說家Anthony Trollope說：「沒有故事要說的人，是最快樂的人。」許多人深表認同，我卻一直覺得有種得了便宜還賣乖的強說愁。

台灣創作者盧建彰Kurt Lu寫《叫你不要創作的，不是對你好的》，除了狠狠打臉前者，也讓我因為心底話被說出而想拍手叫聲好樣的。

我和Kurt的共同好友Brut Cake品牌設計師鄧乃瑄Nicole，師承原生藝術（Art Brut）畫派，他們相信非專業養成的藝術家，比如幼稚園孩童甚至監獄囚犯，先天就擁有藝術創作的豐沛能量，套用佛家所云：「何期自性？本自具足。」那個住在你身體裡頭的你，愛創作、能創作，且會因為創作而感到滿足甚至療癒，這是上帝送的禮物，你一定要把他找回來。

最近採訪時，有人問會不會擔心「創作」這個本事被ＡＩ超越、取代？我想了一下斬釘截鐵地回答，ＡＩ可能（應該）會贏，但我絕對不會讓它取代我。我想我和許多創作者一樣，在意的不是作品，而是創作過程中無以名狀的快樂和成就感，那是本能而非本事，我一點也不想把這個天賦人權交出去。有點像為什麼大谷翔平「二刀流」厲害成那樣，我還是要打棒球？因為我就是喜歡呀。

Kurt這本書，就是在鼓舞並幫助你召喚充滿創作才情的自己，毫不藏私，一如既往。

——龔大中・台灣奧美集團創意長

自序

願你持續創作，持續高興

從醫院步出，一身疲憊，煩憂纏繞，是我無能為力，只能企盼禱告的。那就是困頓。

而生命總有這時節，讓人有種水淹到鼻頭的窒息感，你不知如何是好，甚至只想著「請別太不好就好」，而那也未必可得。

那怎麼辦哪？

就創作吧。

我的做法是訂下早上六點半的鬧鐘，趕七點半的醫師巡房，了解家人病情進展，處理一些我可以做的事，而那通常少之又少。我清楚知道，最沉重的，往往是那無力感，對生命春夏秋冬變化無力扭轉的巨大無力感。

然後，帶著那巨大的無力感，把它變成創作的能量。

我會到言咖啡點上一杯我喜愛的「豔夏花荔」咖啡，坐下，拿出鋼筆和稿紙，好好地創作。

你眼前一定有你難解的題，就創作吧。

那是你可以做的事，而當你這麼做的時候，那件難事，那些苦悶就減弱了對你的宰制力。

你就拿回了生命的主導權。

你可以影像創作，你可以音樂、舞蹈、繪畫、雕塑，你可以寫詩、寫小說、寫散文……

你什麼都可以做，因為你在一個自由的國家，你可以自由創作。

你一定會因此好一點，一如此刻的我。

因為當你創作，你就改變了。你改變那看似難以扭轉的僵局，你的無力感會消退，你讓這世上因你的投入多了一樣作品。而你是第一位被這作品影響的人，你是第一位得利者。

你會變好很多，事情也會變得不一樣。
你將因為你的創作擁有力量。
更可能把這力量傳遞給遠方你不認識的人，最妙的是，你的創作甚至可能活得比你更久。
於是，在知悉並運用這祕密的你，看待事物的尺度不同了，而那，有時，我們稱之為快樂。
感覺水淹上來，快淹到鼻頭時，就用創作游泳吧。放開四肢，自在地在那水中悠游吧，那是你可以做的。
意識到自己有可以做的，而且做出來，改變自己，改變世界，那就是創作。
做你高興做的，然後高興。
然後再做你高興做的，然後高興。
那就是持續創作。
願你——
持續創作，持續高興。

換你練習

1 你有問題嗎？眼前的問題。
2 拿起筆畫你自己，畫，你自己。
3 把你此刻的心情寫下來。最好是，用詩。

目次

2

身為創作者，你不需要的是

以及經常性抵抗拖延症

4 你創作，是為了替後來的人留下浮木

像當初的你一樣

1

你本來就是一個創作者

//

只是你忘了

讓創作保護你

我又不是創作者

有些朋友可能會說，哎呦，我又不是創作者。

習慣叛逆的我，就會立刻反問，你怎麼知道你不是？是出生的時候，醫生抱著剛來到這世上的你，轉身跟你媽媽說，「噢，這個不是一個創作者哦」？還是你有做過血液鑑定，從DNA確認你不是一個創作者？

哈哈哈。你一定會說我好北七。但我其實想要說，如果沒有什麼確切的證據，其實不用急著先去否定自己。

你可能會說，「我哪有否定自己？」好吧，那可以說，先不用否認自己——如果你覺得這樣比較精確。

你不必否認自己是創作者。

創作者沒有一定的長相，更沒有規定什麼家世背景。以自由的國家而言，這更是基本的人權，你享有言論自由，擁有創作的自由。

但也跟其他權利一樣，你擁有這權利，但你不行使，其實，也跟沒有擁有這權利的人民相同。於是，我們這個討論就會變成，你是不是一個擁有創作權利卻沒有去行使的人？

嗯，那，你為什麼不行使呢？

快樂是自己的

以前我們會怪學校，把我們的美術課、音樂課都拿去上英文數學了，結果，那時候的英文數學現在都用不到，倒是音樂藝術每天都在我們身旁，每天都用得到。你跟朋友聊天，和有好感的異性對象說話，要是不觸及這兩個領域，還真不知道要說什麼好。

你也會發現，遇見外國朋友，這感受更是鮮明，大家聊天的內容好大量地充斥著電影、戲劇……等藝術。

當我們感覺自己插不上話時，我們可能會怪罪當時的制度，歸責給當時的老師，那當然沒有問題，只是，當你怪十幾年前或者幾十年前的人，某種程度，你就在逃避責任，你在逃避自己的責任。

你讓自己變成這樣子，這樣感覺輕鬆。

但其實不是真的輕鬆。你只是在問自己為什麼不快樂時，輕鬆地把問題丟給別人，但說到底，你還是不快樂的那個人。

閱讀當然會快樂

我的閱讀習慣主要是文學書，小說、散文和詩。幾乎完全不看商管書，因為我時間不多了，很怕浪費。我對浪費的定義是，耗費了資源，卻無法得到對快樂的啟發。與其看講故事方法的書，不如直接看故事書。

小說、電影這些虛構文本，高度啟發且必然來自真實事件、真實人性；理解人性，那讓人可以藉由眼前的書本理解眼前的困境，並且因此獲得快樂。

廣義的閱讀包含聆聽音樂、欣賞戲劇，閱讀當然會快樂，那你知道還有什麼更快樂嗎？

那就是創作。

你的人權

任何人都應該有這經驗：讀了篇好文章後，也會想要自己寫寫看；看了幅畫後，也會想自己拿起筆來畫，就算勾個幾筆都好。你要是有印象，不，你一定有印象，國小時還沒識字前，連筆都還拿不好，你就會畫畫。反倒是識字後，你不寫字了，你不畫畫了。

你本來就創作的。

那是你的人權。

你不快樂，當然是因為你做為一個人的權利被剝奪了，被侵害了，被減損了。你感到不完整，你覺得自己不被世界看見，你覺得自己不被珍視，但第一個不珍視你的，是你。是你讓自己不再創作的。

當你畫下一筆，你就存在了。無論那是怎樣的作品。

但你沒有，所以你才不快樂，因為你無法清楚意識到自己的存在。你困惑你憂傷，你無病但呻吟，你好手好腳但並不確切知道自己能走到哪裡去，因為你一動也不動。

那不是必然的嗎？一動也不動，只是看著別人，你當然會覺得自己好像沒有活著。連植物都會動的，它們會努力伸展枝葉，好朝向面光的地方；延伸根鬚，好深入有水的地方。

或許，你也是以下這種姿態，嘴巴上說清楚知道工作賺錢不是唯一定義你的東西，但，似乎也沒有動力投入到其他可以定義你的東西。

但有個好消息，感到無聊，感到無趣，感到無以繼日的你，就是創作的好時機，這是創作最好的狀態啊。

我用「快樂」的概念跟你說，但，真正的核心是，創作可以保護你。

創作一定有成就感

讓你在這醜陋嚴酷的世界，可以有個能安心躲藏的地方。可以證明自己的存在，可以感受自己做什麼都會發生，簡直是魔法般的保護罩啊。

是吧，你平常上班跟老闆講什麼，多數時候都沒用，多數的提案都失敗，多數想旅行的地方都沒去，多數想買的房子都沒買，多數想買的股票都沒跟上，多數想要的腹肌都沒有出現……多數你想成為的樣子都沒有實現。你對自己失望透頂。

但你寫下一段文字，那段文字就出現了；你畫下一幅畫，它就出現了；你唱一首歌，那首歌就存在了。

這是多麼高的成就感呀。難怪你小時候很容易快樂。

而且你得到成就所付出的成本，還真的很低，低到只要你動手，點石成金，不再是夢。現在即刻擁有，不假他求。

有沒有一種想感謝我的心了現在，哈哈哈。

我都還沒講到更高層次的快樂呢。

心流

心流，是當你高度專注在思考，並著手進行一個事物時的心理狀態。在進入心流時，你會忘記時間的流逝，你會不在意周遭環境的變化，那是一種極度澄明的狀態，你全心投入，並且毫無保留。

最美好的是，當你進入心流狀態，並且經歷整個過程後到一個階段，告一段落，達到一定進度時，那最後獲得的愉悅程度是極高的。幾乎可能是最高層次的歡欣，可以用「joy」來形容。

而創作可能是相對最容易抵達心流的狀態的行為，更能在最後完成時獲得最多成就感。

比起買名牌服飾，比起購買名車，你要付出的成本低很多，但能創造的愉快感受卻能維持很久很久——沒有比創作更值得投資的了。

讓創作保護你

如果你想要讓創作成為你的保護罩，那你現在就可以開始了。

但我這邊還要進一步，給你一個信心：

你不需要很厲害才開始創作。

因為你是為了讓自己開心而創作。

有些人可能會急著想要靠創作賺錢，我覺得先不要這樣思考，因為那樣思考說明了你只是另一個被金錢綑綁的傢伙。而創作並不是一個賺錢的工具，工作才是。

創作可以幫你解開綑綁，但不是因為創作帶給你錢，而是創作直接給你快樂。

你工作是為了要賺錢好去購買你想要的財貨勞務，好因此獲得快樂；而創作是跳過換取金錢的階段，直接給你快樂。

台灣有不少創作者寫純小說，但純小說家不多。因為當純小說家要養活自己並不容易，你可能得放棄許多；可是，寫純小說比當純小說家或許容易達成許多，而且帶給你的滿足並不亞於成為純小說家。

你可以成為一個有工作的小說家。
你可以成為一個有工作的音樂家。
你可以成為一個有工作的導演。
你可以成為一個有工作的演員。
本來就可以，現在就可以。
因為創作是為了來幫你解決平常工作上必然會有的苦悶。

卡夫卡是一位律師，負責處理專利權，他終其一生為世人所知的身分都是卡夫卡律師，而這並不妨礙他寫小說，甚至可能是幫助他寫小說的動力。他從寫小說上得到工作以外的樂趣，處理談戀愛不順利的痛苦，他的小說直到過世後才開始陸續出版。

馬奎斯是一位記者，在他寫作並出版小說《枯枝敗葉》後，他依然是一位報社記者；馬克・吐溫是記者，海明威也是記者；松本清張是小學畢業的印刷工，在報社的地下室扛著沉重的印刷版，在他的推理小說得大獎時。

東野圭吾是一位汽車零件工程師；森博嗣是一位大學的理工教授，一路當教授到退休。

有一份正職，不但不減損他們的藝術成就，更可能是他們創作的柴火。

有一份每個月都會給你薪水的工作，讓你可以安心地創作，更讓你有足夠的苦悶好來認真創作，好來享受創作。

所以，不要再說什麼，要離職後才能開始創作。那是騙人的。

很多人辭掉工作說要創作，一年後，唯一做到的，只有辭掉工作。

你不需要辭掉工作，你應該現在就開始創作。

因為創作是來保護你的。

請告訴自己

你不需要很厲害才開始創作。是為了來幫你解決平常工作上必然會有的苦悶；是為了讓自己開心而創作。

換你練習

1 你快樂嗎？如果答案是否定的，那太好了！你可以創作了。

2 你覺得你想創作什麼呢？

3 你今天要創作什麼？今天喔，不是明天，也不是明年，現在就丟下這本書，馬上開始創作吧。

創作的時間，就是下課時間

句號就在眼前

有位家人，胃不舒服，嘔吐，她的姊姊深夜起來查看，幫忙整理，想說應該是最近流行的諾羅病毒，於是，講好早上起床後去看醫生。

起床後，姊姊趕著出門工作，於是跟媽媽說，媽媽也過來房間看妹妹，妹妹似乎稍稍虛弱無力但也都能應答，媽媽去刷牙梳洗，回頭要叫妹妹起床出門看醫生，沒人應，門推不開，使盡全身力氣把門推開，妹妹躺在門後，叫救護車急救，到醫院又急救半小時，過去了。四十四歲。心臟麻痹。

句號就在眼前。

很衝擊。這是我這幾年的連續衝擊。

我在廣告公司的好友，二十九歲在家中過世。
我的父親六十五歲過世。
我的母親四十五歲車禍，從此失能。
我沒有要恐嚇你的意思，只是想讓你知道，句號本來就在我們身旁，我們只是盡量活得像逗號。
但如果逗號和逗號間，只有痛苦，也很可惜。你該有下課時間。

創作是要解決你的問題

你不創作其實不會怎樣，只要你活得快樂。
但如果活得不快樂，我建議，除了努力賺錢外，努力創作或許更能解決你的快樂問題。
創作解決的第一個問題，絕對是你的問題。
你可能覺得無聊，你可能覺得眼前的工作無趣，你可能覺得自己沒有價值，你可能對你老闆肚爛，你可能討厭你的原生家庭……有很多事你就算現在努力，它也未必可以改變。
甚至，永遠無法改變。於是，你創作。

你的苦悶，你的無法動彈，你的急於擺脫，都會是創作的動力，都將是創作的原點。

你創作，可能會成名。但你不是為了成名而創作。那通常不會有好結果，甚至連好作品都未必有。

你創作，就是為你自己。

創作大概會是全天下最直接跟你有關的事，大概會是全天下最靠你自己的事。你不太能靠別人，你也不太能夠抱怨別人怎樣怎樣，因為是你讓他那樣。

在創作的世界裡，你是老大。

下一句是，老大要負責。

你擁有完全開火權，但你選擇完全熄火，那就是你的問題了。

不，我這樣講，似乎又太嚴肅。

容我換個方式說，你有機會可以解決你的問題，但你選擇不要，那麼，到底要怪誰呢？這樣說有比較好一點嗎？好像也沒有，我失敗了，哈哈哈。

創作沒有失敗

但失敗其實不會怎樣哦，因為我在創作的世界裡試著要勸你創作，但因為我是在創作的世界，所以就算我失敗了，沒有人會因為我而死亡，也沒有人會因為我而受傷，那我到底要害怕什麼？如果我做這件事只會讓我快樂，那不是幾乎沒有任何損失嗎？

你之所以要創作不是為了別的，是因為你開心。

你試著回想小時候畫圖，自由自在地在紙上亂畫，會有人跳出來說「嗶，嗶，你失敗了」嗎？如果沒有，那你長更大了，你更自由了，你做什麼不必跟任何人報備，那到底你為什麼會擔心有人說你失敗呢？

你畫了一幅畫，你就畫了一幅畫。

你做一首歌，你就做了一首歌。

你寫一篇文章，你就是寫一篇文章。

你寫一首詩，你就是寫了一首詩。

你拍一支片，你就是拍了一支片。

無論如何，你就是在創造正的東西，不是負的，那究竟有什麼可以被稱為失敗的？

你說，可是我那幅畫又沒有賣錢，那我這樣不就不算成功嗎？什麼？你不是因為厭倦樣樣都被用錢定義，所以才來創作的嗎？那你怎麼自己又把自己丟到那個奇怪的蜘蛛網裡，讓自己動彈不得呢？

用錢評估價值，那是別人的規則，你本來就可以不遵守，更別提那只是種價值觀而已。而且，這個價值觀如果讓你痛苦，你可以適時地遠離，世界上有許多種價值觀，偏狹地用其中一種來評估所有人類活動，怎麼說都有點變態。

從事非經濟活動的事時，就不需要用經濟價值來衡量。

媽媽幫孩子綁頭髮的時候，有人突然從旁邊跳出來大喊，「這樣沒有賺錢，失敗！」你是不是會覺得很荒謬？

媽媽幫孩子綁頭髮，讓孩子開心，媽媽心裡也感到快樂，這本來就不是經濟活動，這是關係互動，你用經濟價值來評估是否成功，當然很詭異。

同樣的，你的創作是帶給你開心，你有沒有成功，就是看你有沒有開心滿足，你為什麼要自己跳出來對自己舉著大牌子大喊，「這樣沒有賺錢，失敗！」

你想像那畫面有多詭異。

當你那樣做，你就是把創意花在拒絕自己快樂的層次了。

創作是心靈活動，要全心投入、全神貫注，評估有沒有成功的標準，可能是，你有沒有完全把自己放進去？讓自己進入一個心流的狀態，讓自己達到一種純粹的狀態，並因此洗滌塵世的髒汙，讓心靈獲得安定與滿足。

於是，評估的標準是，你有沒有全心投入。

甚至，對創作最基本的評估標準是，你有沒有創作，你有創作，你就是成功了。

從這個角度看，創作沒有失敗，只要你完全投入。

創作可能是最符合經濟效益的活動

剛剛聊到經濟價值，我想一想，好像應該談得更深入一點，既然大家都很在意錢，或者說，大家都很擔心自己的創作，可能會遭到長輩批評非議。

經濟效益的定義是，當某個人從事某活動時，在付出成本後所增加的幸福及滿足感的評估，也就是在付出成本後得到的滿足程度。

注意哦，這裡有兩個重點是付出成本和滿足感。

付出的成本可能是金錢，也可能是時間。

從這個角度看，如果你創作時付出的金錢不多，那你當然可以盡情創作，因為你付出的少，得到的多，從經濟的角度看，這樣的活動你應該多做。

有的人說，可是，我的興趣是賺錢啊。相信在台灣，你會遇到很多長輩這樣跟你說。留意了，這樣的人是最辛苦的。因為，他要得到快樂的成本很高。

這麼說好了，我寫一篇文章的成本幾乎是零，可是，可以帶給我許多滿足。假設有人能從賺錢得到的滿足感跟我一樣高，請問他要付出多少成本呢？

請問，他賺一百元會快樂嗎？可能不會，因為太少了。

那賺一千塊會快樂嗎？未必。

那賺一百萬呢？應該有機會。

問題是，他要賺到一百萬才會快樂，那他要付出許多心力，並且在那過程中也得確保沒有任何的變數，好讓賺得一百萬元真的發生，那非常困難。於是，他要得到快樂，變得很不容易，他很容易因為沒有賺到一百萬而不快樂。

相較之下，我只要花一點時間，不必花一毛錢，就可以確保我得到快樂。

注意，我們這裡討論的是，在正常的經濟活動外，要額外付出好獲得快樂哦。

興趣是在工作外讓我們感到快樂的事物，所以，有些朋友說他興趣是賺錢時，我都會說，

「那你的興趣還滿花錢的」。

回過頭來說，這個討論也可以是純粹的消費。

你去ＫＴＶ唱歌喝酒會快樂，但這個快樂的持久時間是多久呢？是一個晚上，還是可以持續到隔天，或者可以持續一個禮拜？

多數人應該是一個晚上吧。那你花了多少金錢呢？

但我跟你說喔，如果你把相同的時間投入創作，可能不會花那麼多錢，最重要的是，那個快樂會持續很久。我寫完一篇文章，自己就很高興，若意外在網路上，被人們看到，又會有額外的成就感，注意，是額外的。我是自己第一個要滿足的對象。還有，這篇文章會留下來，甚至會活得比我還久。那夜裡的那次ＫＴＶ很難。

創作，投入成本低，獲得滿足感高且持久。

從這個角度看，創作可能是最符合經濟效益的活動。

創作的時間

我知道會有人挑戰說，可是你剛剛談付出成本，只有談到金錢啊，那時間呢？創作很花時間耶，你怎麼沒有說，你這是避重就輕吧。

漂亮，如果你有這樣的意識，表示你真的有在讀。哈哈哈。

創作是為了解決你生命裡的問題，創作是種興趣，應該發生在你日常的工作外。

也就是說，你有一份正常可以養活你的職業，你盡力去做，雖然不盡如人意，但你也有工作時間外的創作，好讓你如意。

換句話說，你用來創作的時間，是工作以外的時間，因此不會影響你養家活口的能力，只是你閒暇時間的重新分配而已。就像剛剛舉的例子，那個時間原本就是你正常工作以外的，只是你選擇躺在那裡抱怨，或者起來出門唱歌，或者，起來開始創作。

你說，要是我把創作的時間拿來賺錢，不就可以賺更多錢？

呃，可以呀，但要看那多賺的錢，會不會讓你實質快樂？前面提到工作賺錢讓人有壓力因此靠創作來療癒，那如果你要增加工作時間也可以，只是你得承擔你快樂的機會減少，痛苦的時間增加。還有，你增加工作時間賺到的錢未必就能讓你換取快樂，你要嗎？

當然，多數的創作很花時間。那，為什麼不說享受更多的時間呢？

當你開始創作，你就是快樂的，從第一分鐘開始，你就是自由的靈魂，你感到滿足，所以，創作所用的時間或許不必把它歸為付出的成本，而可以當作享受快樂的時間。

為什麼不說創作讓你可以有更多享受的時間呢？如果創作讓你快樂。

你有按摩過嗎？

一樣去按摩，有一個師傅幫你按五分鐘就結束了，有一個師傅幫你按半小時，有一個師傅幫你按兩個小時。如果按摩讓你舒服，那你會選擇哪個師傅？

創作確實花時間，但那是讓我們在貧瘠的生命裡有修復的機會。

就好像以前在僵化難受的學校體制裡上課，我會很期待下課時間，好讓我可以活動被束縛的靈魂，好讓我可以在操場上奔跑，自在地運用已經被規矩坐姿弄到僵硬無比的筋骨，想怎樣就怎樣。

那，你會希望下課時間長還是短呢？

人生多數時間都是痛苦的。創作的時間就是下課時間。

你現在有機會決定自己的下課時間，而且一天可以下課許多次。

祝福你。

請告訴自己

人生多數時間都是痛苦的，但創作的時間就是下課時間，讓我們在貧瘠的生命裡有修復的機會。

換你練習

1 你上班辛苦嗎？你上班痛苦嗎？

2 你有下課時間嗎？你怎麼使用下課時間？在那邊罵老師？我都跑去玩。

3 你是每天都下課，還是打算等六十年後再下課？現在就去創作吧！

有意識地站好位置

你現在在哪裡？

你現在在什麼位置？

當然，我們很容易回答在公司，也可能回答，從電梯方向進來，左邊第二個位子；當然，也可能有人會回答，「部門第二把交椅，下面帶十個人」之類的。

這些都很好，也定義了我們，只是可能可以更多，更進一步。

你站在世界哪個位置？

你在你的社會哪個位置？

你的位置可以看到什麼人？

你的位置可以看到什麼故事？

爭取，用爭取的

我先假設你生活在一個自由的國家，如果不是，我也請求你盡量找到一個你可以爭取到最大限度自由的位置。

假如你是自由的，那麼你拿這份自由做了什麼？

滑手機？那當然，自由地滑手機很重要。

但，你手機滑得到的東西，別人也滑得到，那麼進入門檻會不會太低？

你的競爭優勢會不會太單薄？

你的可取代性會不會有些高？

真實存在的位置——自由

你可以自由地移動，自由地和人們交談，但你有嗎？你每天一定會去超商，但你未必會跟店員聊天——他們都是故事之王啊。你不需要他們八卦，但你可以和他們做朋友、聊天，他們自然會向你透露最近碰見的奇人異事。

再說一次，你可以選擇位置。

看病候診時，把頭從手機上抬起，自然地觀察你周圍的人們。你的耳機可以暫時拿下，聽太久會傷害聽力的，而生活環境的聲音，你可以多聽。你勢必會聽到某些生命片段，有些性命交關，有些庸人自擾，有些是長久期待後的幸福。

你在搖滾第一排，真的沒有沉睡的必要。

用心觀察，用心感受。

在乎人的，人也會在乎他。反之亦然。

不要相信不勞而獲

千萬不要相信不勞而獲，尤其是在創作的世界裡。那些才華，都是在理解世界、體諒人性之後的事，你沒有懂人，是沒有機會走進任何人心裡，影響任何人的。要靠近人，親近人，比任何人都靠近事發現場，每一分鐘都有意識地站在一個恰當的觀看位置。

你站的位置，決定你作品的位置。

你如果都躺著，你的作品，恐怕也會是。

請告訴自己

每一分鐘都有意識地站在恰當的觀看位置，比任何人都靠近事發現場，才能找到作品的位置。

換你練習

1 你現在在什麼位置？寫下五個不同的描述。
2 自由的創作，自由的位置，寫下你今天用你的自由，在哪個位置得到什麼？
3 你關注什麼議題？寫下來，至少五個。在每個議題之後，寫下你如何貼近現場，寫下來，至少五個。

拒絕不潔感

洗碗很好

如果你每天都洗澡，那你應該知道什麼是不潔感。

如果你跟我一樣，每天都洗碗，那你更知道什麼是不潔感。

或者，可以說，你更理解什麼是清潔感。

我強烈建議你每天洗碗，如果你是創作者。

創作者多數都有胃食道逆流，我妻說治療胃食道逆流的方法，就是每次餐後站著洗碗。我試了，非常有效。儘管我家有洗碗機，但餐後洗碗真的就不會胃食道逆流，非常奇妙，不信你試試。

我當然知道那是因為站著讓食物因重力的關係，可以往下到胃，並且更快地被良好的消化往腸道去，而不會從賁門再湧流回食道。

但最重要的，其實是，洗碗，讓你可以把那些油膩的東西除去，而且你可以清楚地感受到自己的勞動會有結果；進而感受到碗盤因為你的投入變得乾淨，而且那變化是顯而易見的，是充滿了成就感的。

你手摸得到，你眼睛看得到，你清楚，你心裡舒坦。

你會感受到一種安全。一種你用心就有結果的確切證據。

那，會幫助你創作。

幫助你繼續一步一步地，專注且認真，明白會有不乾淨的東西，但也知道你可以克服，你會迎來美好的結果，你會有作品的。

因為創作充滿了挫折，因為創作充滿了不確定。

你遲疑，你擔憂，你焦慮，很多時候都在不清楚「自己那麼認真，到底可以去哪裡」的狀態裡。

過去人們在做重要的事前，必定沐浴齋戒，好讓自己以一種慎重的方式對待。其中也包含除去不潔感。

洗澡很好，洗碗更好。

這世界充滿了不乾淨的東西。你得想辦法。

我們不是造物主

「不乾淨的東西？」

對，不乾淨的東西其實沒關係，有關係的是那不潔感。那讓你感到不純粹，讓你無法做出你理想的東西。

一如雕塑，米開朗基羅的說法是，那作品本來就在那，就在那岩石裡，他只是把多餘的東西除去。讓那形體顯現出來，讓他想要的那肌肉線條出現，讓那臉部的表情呈現。但在一切之前，作品本來就在那裡了。

不必要的東西太多，我們只是把那些挪走。

我們不是造物主，我們的創作只是把不乾淨的東西拿掉。

我們就這世界而言，只是淨化。

這樣想，會不會比較輕鬆呢？會不會覺得我們容易一些？

乾淨不難，但要去做

洗澡並不難，你每天都做。

但日常生活裡的不潔感，你忍受。

可以忍受，但不要太忍受。

有些人是油膩的，這樣說，或許有點失禮，但真的就是。我這樣說的時候，你腦中一定浮現了幾個臉孔。

那不是你的錯。

嚴格說起來，也不是他們的錯。是他們的問題。

但他們的問題，你得面對，否則，就會成為你的問題，成為你創作的問題。你得拒絕他們，遠離他們，避免跟他們講話，避免跟他們社交，免得你的手油油的。

手油油的時候，做什麼都會是油油的，你不會想要你的作品是油油的吧？這世界已經太油膩了，沒有必要再生產油膩膩的東西汙染別人的心，或者，心情。

跟碗盤不太一樣，你很難去清洗別人，除非是用作品。

那麼，在你無法改變他們之前，不要跟他們往來。

這句話其實也是某種程度的either way。如果你真的想改變他們，勢必還是得用你的作品，那麼，還是不需要跟他們往來，只需要給他們作品。於是，不管你有沒有心要改變他們，你都不應該跟他們往來。

對於創作，我常覺得，不做什麼，比做什麼來得容易理解。

還好，後疫情時代，我們應該都很熟悉了。面對病毒，你得噴酒精，你得消毒，你得戴口罩，如果你不想生病的話。防疫，就是適當地減少和病毒在一起的機會。

對於創作，我常覺得，不做什麼，比做什麼來得容易理解。

拒絕不潔感，是其中一種。

不難，但得去做。

請告訴自己

對於創作，不做什麼比做什麼來得容易理解；把不乾淨的東西拿掉，淨化世界本質，這就是創作者在做的。

換你練習

1 去洗手，甚至洗澡更好。洗完後再重看一遍這篇，是不是不一樣了？

2 記住那感覺！用你的語言，記下那感覺，仔細且認真，至少五百字。

3 試著讓感覺陪著你創作，時間愈長愈好，愈穩定愈好。

跟綁馬尾一樣——

爸爸綁的馬尾

平常都是我們夫妻一起送女兒上學，今天早上妻身體不舒服，於是早餐桌上只有我和女兒。我吃得快，吃完後寫下昨晚看完的小說的心得，一旁女兒唱著歌，緩緩吃著早餐。

突然，看到她下了餐桌，往主臥室去，我連忙喊她，「欸欸，媽媽不舒服，還在休息。」她很乖地退出房間，但我看她，臉上似乎有什麼事。

我想了一想，通常每天這時候會發生什麼事。

平日都是由媽媽操刀，幫女兒綁出各種奇妙的髮型，女兒應該是有所期待，但意識到期待要落空，而感到失落吧。

我試著問：「你是不是想要媽媽幫你綁頭髮？」

女兒沒有回答，只是點點頭，臉上光采似乎被烏雲遮住，暗暗的。

我想起女兒昨天是綁馬尾，應該最近是馬尾的心情吧。

我說：「那爸爸幫你綁馬尾。」

女兒陰天的臉上，突然有了點陽光射入。

雖然給了對方期待，但以我的技術，恐怕不是差強人意可以形容的，因此我又加上了一句，「不過，爸爸綁的馬尾不一樣。」

女兒好奇地問：「怎樣不一樣？」

我得意地說：「爸爸的馬尾，會跑比較快喔。」

女兒笑了，「那你要綁高一點。」

於是，女兒自己拿來了梳子和髮圈，我幫她梳了頭髮，拚命地把頭髮抓成束，再努力地綁上髮圈，一圈一圈，努力不讓頭髮散掉，努力把頭髮從圈圈中拉出。

綁好的第一個馬尾，後面很完美，但上頭凸起，女兒看了照鏡子，不甚滿意。

我自知理虧，央求她再讓我試一次，這次她指導我，上面的頭髮也要用梳子梳順下來，這樣再抓成束時，會比較平順。我謹遵教誨，專心致志，再次依樣畫葫蘆，這回成功了。

看她在鏡子前左右端詳，狀似滿意，我感到無比的成就。

跟創作一樣。

完全擁有

我去粉絲專頁「只能喝酒的圖書館」錄音錄影，和主持人Hank及Ting聊天，聊了八個小時，我當然是喝醉了（誰能夠一直白酒連開啊），但我覺得，我們談的事，倒不會隨著酒醒就消逝。

我一直很在意生命的短暫，活到我父親的年紀，只剩七千多天，就算大學畢業生活到平均餘命，也只有兩萬一千九百天，兩萬多天。

但這個叩問，追問的其實是——

那你要幹嘛？

總不會只有工作賺錢吧。

因為死了以後錢就用不到，錢就變成別人的。因此，賺錢可能不會是一個能夠回答生死意義的答案。

從這個角度而言，擁有任何物質上的東西，也無法叫完全擁有，因為你擁有的時間有限，只在你活著的時候。當你過世後，你的房子就不會是你的了，勢必得移轉所有權，就連汽車、機車、腳踏車都是。

我跟你說，連電話都得移轉喔。

完全擁有，以一個生物在物質界，是不切實際的。

但你可以完全擁有創作。

你寫的每一本書，你寫的每一首歌，你做的每一個雕塑，你創作的每一個作品，都是你的，不會改變。

就算你過世了一百年，人們還是會認定，那是你的。

那或許可以回答一點生命的虛無問題。

而這可能也是人因此最常感到心虛並想追索的問題。

那天，聽朋友分享他去看阿爾及利亞的史前壁畫，早在人類有文字歷史前，人們就會在山壁上繪畫，且一路下來橫跨數千年。人們早有意識，也有這個習慣，我們卻自我壓抑了。

剩沒幾天，你應該設計你的人生。
或者說，你應該創作，讓你的人生有作品。

我們都有才華

我想到Hank說的，「其實，我們每個人都有才華。」
我們都有才華，我們都需要留下一點痕跡，那個痕跡一定不會是銀行存摺戶頭裡的數字，更不太會是哪一個路段的房子。那些都會變成別人的，而且，沒有任何你的氣息。
其實，我這樣說，也不完全正確啦，說銀行存摺不會是你的作品，但要是你是一位設計師，而且真的設計了那本銀行存摺，那麼銀行存摺當然會是你的作品啊。
同樣的，要是你的房子是你設計的，是你設想思考並且精心打造的，那麼，那房子在你離去後，當然還會是你的作品，因為是你創作的。
只要願意投入精神，願意投入時間，你就是創作者，你就能回答自己留下什麼。
你需要創作，你本來就會創作。
你只是讓你的才華展露出來而已。

是的，讓我們回到故事的一開頭，請叫我「爸爸馬尾手」。我的手今天綁出了一個馬尾，那就是我的作品。此刻，我的作品正在全球巡演，目前抵達某國小，預計本日會有四千多人可以欣賞。待會兒，要是我放到社群上，就會是全球同步展出，只要你是人類，都有機會透過網路欣賞到我的作品。敬請保持一顆愉悅的心欣賞，謝謝。

我本來就有綁馬尾的才華，我只是過去沒想到而已。我們可以多啟發自己一些，多給自己一點機會。不會死的。創作，就跟我綁馬尾一樣，沒什麼了不起，只要去做就好了，想做什麼就做什麼，拍一支片，寫一篇文章，拍一張照，你有太多資源，你都可以做。就去創作吧。

為了你自己

有種對心理健康有幫助的治療方式叫藝術治療。

當然，為人們做「藝術治療」，需要專業。專業的理論、專業的證照、專業的師資，專業才能確保有療效。

但為自己做藝術治療，可能就未必要對專業那麼講究，你只要高興就好，因為這個「治療」的目標就是讓你高興啊。

過去，我們都太害怕了。

一定要畫得很好才敢畫，一定要寫得很好才敢寫，一定要跳得很好才敢跳。

太奇怪了，你又沒有要靠這賺錢，又沒有要人家為了你的創作付錢給你，到底為什麼要做得很好才能做？

你要做，就只是因為你要做。

而現在，是你創作的好時候。

只要肯去做就好了，不要只停在那邊抱怨世界不公平。你可以寫成一篇短篇小說諷刺可笑的老闆；你可以編成一首歌用RAP的方式，唸一下那完全荒謬的制度；你可以畫一幅插畫，把你肚爛的客戶畫出來呀。

你可以盡情地繪畫，你可以隨意地書寫，你可以跳一段舞蹈，你可以，你可以……沒有你不可以的。

不要被那些笨蛋騙了，那些叫你不可以創作的，一定有問題。

否則，他為什麼要害怕你創作？

害怕你的創作勝過他，害怕你的創作反映時代、針砭時政，害怕你的創作太過自由，害怕你的創作讓他失去權威性，害怕你的創作讓他賺不到錢？

我不知道是哪一個，但，從我的角度看，他的禁止裡頭都沒有為你著想，你本來就需要創作啊。

叫你不可以創作的，都沒有認真替你著想。

我們沒有要靠創作謀些什麼，為什麼不可以創作，到底有什麼理由不創作？

我們是為了我們自己創作。

這不是自私，是自愛。

跟綁馬尾一樣

我為了我女兒綁馬尾，我更是為了我自己綁馬尾，我為了讓自己可以開心地讓女兒開心而綁馬尾。那是我想要的，然後，我很認真，那就好了。

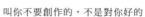

我綁馬尾，跟我拍一支片一樣認真，跟我寫一本書一樣認真。

那就好了。

如果你還有什麼疑慮，那就試著想，跟我綁馬尾一樣：

跟我綁馬尾一樣輕鬆，跟我綁馬尾一樣簡單，跟我綁馬尾一樣直覺，跟我綁馬尾一樣自然，跟我綁馬尾一樣好笑，跟我綁馬尾一樣有趣，跟我綁馬尾一樣困難，跟我綁馬尾一樣得意，跟我綁馬尾一樣高興，跟我綁馬尾一樣興奮……嘿，我都是一個一個字地打喔，為了你，我可沒有複製貼上，為的是要你也想一想，跟我綁馬尾一樣怎樣怎樣。

那只是你的一個創作，沒什麼了不起，不會毀滅世界。

但也沒有誰了不起到可以叫你不要創作。

包含你，你也沒有資格叫自己不要創作。

你一定可以綁一個馬尾的。

於是，當你綁好一個馬尾後，你會想再綁好一點，於是再綁下一個，再綁下一個，然後你就在創作的路上了。

小說《奶奶的夏威夷祭祀》非常有趣，在做為一位藝術家、文學家且特立獨行的奶奶過世十年後，家族想要首次祭拜奶奶，於是他們出國齊聚到奶奶曾經生活的夏威夷，並且約定好，大家分頭去找尋最後一天可以送給奶奶的祭品。於是，有人學草裙舞，好跳給奶奶看；有人到處探訪咖啡豆，好在最後手沖一杯；有人學衝浪，好帶回一個浪花；有人四處收集小鳥的羽毛，有人收集彩虹；有人找到一個要在二十分鐘內吃掉的美味甜圈圈，並且拚命在時間內騎腳踏車回來。非常有趣且溫暖。

我心想，這就是創作啊，投注心力，並且用自己的方式創造出意義。

小說裡還有一段，是做為藝術家的奶奶曾在文章中寫到，創作者通常在一個領域裡，持續且長期地針對相同主題、給予不同角度的詮釋和創作，既沒有比較輕鬆，也不會比較愉快，純粹就是不厭其煩。甚至終其一生，緊緊鎖定地創作，然後，就被稱之為大師了。

當然，那一點也不重要，對於正要創作的你而言，你只要創作就好。

當你綁好一個馬尾後，你會想再綁好一點，於是再綁下一個，再綁下一個，然後你就在創作的路上了。

你應該時時創作，一直創作。

請告訴自己

創作，就跟我綁馬尾一樣，沒什麼了不起，只要去做就好了。叫你不可以創作的，一定有問題。

換你練習

1 你曾經想要怎樣？後來怎樣了？

2 你現在可以呼吸，你就可以創作，因為你遲早會不能呼吸，你遲早會不能創作，所以你現在就要來創作。

3 你會綁馬尾嗎？你要不要拜託人家讓你綁一個馬尾呀？做為報答，你要創作一個作品給對方。

我煎牛排的方式

煎牛排的方法

我在家會煎牛排，是受家人喜愛的「裸上身爸爸」牛排。

煎的時候，先放入牛油，大火，在鍋子預熱到高溫後，才下已回溫的牛排。五十秒後翻面，此時應是表面焦而不黑，這次一樣大火四十秒，當牛排兩面都已充分加溫後，接著轉中火，每十五秒翻面，完成後，靜置五分鐘，才上桌。

每一點都很重要。除了裸上身。

回溫

回溫，指的是讓牛排回到室溫。

因為一般牛排購買回來時總是冷凍好了，保存時也是放在低溫的冷凍櫃，若是有一點厚度的牛排，勢必需要使它回到室內的溫度，否則，把還是結凍狀態的牛排下鍋煎，恐怕會外面熟了，裡面還沒熟。繼續加熱的結果，只怕外面焦黑碳化了，裡面仍舊過分生。

這個回溫的動作，目的是讓牛肉可以升溫。做法不一，我的做法是前一天就從冷凍放到冷藏室，料理的當天先拿出，擺在室內，也許兩小時到三小時，視當天的氣溫而定，目標是讓牛肉能夠接近室溫。

這動作很重要。以往不知道，總會有剛剛提到的內外溫度不均的狀態，浪費了好食材。

於是，料理的時間是要往前延伸的，要先把材料準備好，讓它到適合這個世界的溫度。

我覺得創作也是如此。

我們平常尋求的素材，成為我們創作的養分，但你不是急著就把它拿來使用，得仔細地善加準備，給它時間，也得去想一想，和這世界對話的關係。

甚至，講究些的，還可以低溫熟成。讓這世上的一些微生物跟它發揮作用，在奇幻不可知的醞釀後，才拿來料理。

總之，生猛是風格，但不是料理手法，更不是創作方式，是最後帶給人的氣味，不是急就章，不是隨意而不加以準備。

回溫，讓你的作品在真的創作前，先靠近世界的溫度。

為「創作」而創作出的準備動作，都是好的。

梅納反應

剛剛提到，回溫的牛排下鍋時，鍋子最好是在高溫的狀態。在幾乎要冒煙的時候，才放入牛排，並且將牛排表面煎到幾乎呈現深黃色但未焦的狀態，一般認為此時在進行的是「梅納反應」。

梅納反應是以法國化學家梅納命名，他在一九一二年首次提出，指的是蛋白質在加熱時發生的複雜反應，通常在一四〇℃至一七〇℃中進行，反應過程中產生擬黑素和成百上千個有不同氣味的中間體分子，創造宜人可口的風味和誘人色澤。

我總覺得很有意思，這跟創作非常相像，你要經歷過一些煎熬，尤其是大火。

因為大火讓自身的題材產生質變，它依舊是真實的，但改變了，甚至從嬌嫩到變得有些堅硬。而那堅硬，除了可以對抗外界，某種程度也保護內裡，讓精華的肉汁被鎖在裡頭。

外表呈現金黃焦脆，內裡有鮮嫩層次變化。作品，應該是這樣形容的。

一開始的大火，不用一直翻面

還有，一開始在進行梅納反應時，要用大火，且不要一直來回翻面，大約花上五十秒，讓一面達到效果後，再翻面，進行另一個五十秒。好迅速地藉梅納反應，創造那表面。

我覺得，那也很像是創作在做的。明確地劃下界線，和世界有區別。

不需要反反覆覆，尤其在自身的價值觀還在建立的階段，最好是一次堅持到底，等待和世界間的界線堅實地建立起來，明確了彼此界線後，才進行比較細膩的來回翻面。你沒有不近人情，你更多是在跟自己處理自己，你得為自己創造一個結界，讓自己的身體和心靈明白那條線，那個範圍。守備範圍被明確劃定後，之後再認真地耕耘。

劃定的過程，需要大火，需要儀式性，需要開頭。起頭的一頭熱，指的就是這個，但一頭熱也要夠熱，若溫度不夠，無法啟動反應，那麼，表面就會軟綿綿，沒有風味，沒有口感，沒有差異。

我說的是創作的初衷。

得用大火，得紮紮實實的大火。

當然，也要留意，這個動作不是全部。

中火，每十五秒，持續翻面

要是一直大火，會燒焦的。

創作需要高溫，但不是燃燒，是明確職志，但接著需要持之以恆，均勻且細膩地加溫。

我常常認為，這甚至可能是多數人無法達到的。一開始的熱情如火容易，之後有耐心地持續加溫，並且不斷翻面，保持均勻熱度才是困難。

這需要充滿自覺的貫徹紀律，而創作真正需要的不是自身才華，是自律。

今天是連假的第一天，我一樣六點起床來創作。因為連假是一般上班族的，他們平日就已經夠辛苦了，難得的假日當然可以睡晚一點。我不行，因為我是做創作的。

難道牛排可以一天不翻面嗎？

中火，持續，翻面。

你不用多厲害，你只要持續。

你就會很厲害。

很多時候，我們會用killer殺手級，形容精采的作品。

飽受讚譽的藝術電影《伊尼舍林的女妖》（*The Banshees of Inisherin*）的導演馬丁．麥多納（Martin McDonagh），過去有部作品叫做《殺手沒有假期》（*In Bruges*），演員包含柯林．法洛、布蘭頓．葛利森……幾乎都是同批班底，我想，片名就說明一切——殺手，沒有假期。

靜置

這個靜置的動作，很重要，決定了牛肉的嫩度。

煎好的牛排，不該立刻食用，那是錯誤的，更是一種浪費，那會讓肉汁在牛排切開時快速地流失。我看過一位廚師做實驗，那可能會讓水分流掉百分之十甚至更多。要知道，那水分其實決定了食用時的口感，所謂的鮮嫩，或者juicy，其實是由所飽含的水分多寡所決定。

靜置，為了讓牛排內的水分可以在溫度冷卻下，被收納在內部，好在切開食用時，創造出肉本身的鮮嫩。

創作，也應當如此。

靜置你的作品。在最後定稿前，靜置。放著不動它。

你可以去做別的事，讓自己的注意力從這個作品移開，之後再回來。你不動它，你要讓溫度冷卻。你安放它，擺著，之後再來看一次。你再仔細地想一想，抱點稍稍冷卻的溫度，而不是初次創作時的那種高溫。帶著點冷靜，可以仔細端詳你的作品，是不是有什麼是當時滿懷熱忱而沒有看到的盲點？

有時候，你甚至可以因此迸發新的觀點，給予更進一步的修改。

海明威曾說初稿只是垃圾，村上春樹也會在完成初稿後先靜置長達半個月，甚至更多，之後才回頭來進行修改。

我想，這跟一開頭的回溫一樣，都是為了讓時間發揮作用。

創作和時間有關。

你要有熱情你要有耐心，你要願意付出時間。

一盤胡椒鹽

最後，很快速地提這件事。

吃牛排時，會用鹽提味，有時用胡椒鹽，那會讓牛排更美味，引出牛排的鮮美風味。

胡椒鹽很好，但，你會吃一盤胡椒鹽嗎？

試著想像把整罐胡椒鹽倒出，堆積在盤子上，盤子上沒有牛排，只有胡椒鹽，用跟牛排一樣多的分量，堆出一塊牛排的大小，請問，你會想吃嗎？

有許多創作者會感到苦惱，看到網路時代多數人會以譁眾取寵的方式，短時間吸引許多回應而感到心急，想著自己是不是也要跟進，弄一些只有表象的動作？

那是一種焦慮，恐怕也深深困擾不少創作者。

胡椒鹽很吸引人，但無法長久，更難以有滿足感，單吃胡椒鹽，只有口舌被刺激，吃多了還會嘴破，更別提對身體的危害。

要留意，你要做的作品是一道牛排，還是一盤胡椒鹽？

請告訴自己

平常尋求來成為創作養分的素材，不急著把它拿來使用，得仔細地善加準備，想一想和這世界對話的關係。

換你練習

1 請問你開頭有開大火嗎？你的梅納反應創造出什麼樣的效果？

2 請問你如何保持中火，如何持續創作？

3 作品完成，務必記得靜置。當你忍不住把手伸過去時，記得，快，用另一隻手打它。

準備好了嗎，你？

貪婪

「讓小孩子到我這裡來，不要阻止他們，因為天國正屬於這樣的人。」

這是《聖經》裡當耶穌的門徒阻擋想靠近耶穌的孩子時，耶穌說的話。有點沒有前言後語，但他就是這樣說了。

我第一次看到的時候，覺得滿莫名其妙的。後來，發現可以用在創作上。這有點像神諭的話，也可以不在意，但也可以試著放在心上。

連畢卡索也曾說，他後來都只是試著想畫出孩子畫的畫。

最近，我在做的片子，來回看剪接的時候，女兒在旁邊跟著唸起旁白。

我突發奇想，既然主題在講減法，反璞歸真，想說是不是可以讓女兒來唸看看。

於是，拜託她。

她說：「可是，不行耶。」我說為什麼。

她說：「我記不住啊。」我大笑，回她，「我可以印出來給你看呀。」

她接著猶豫了一下，說：「那你要給我注音，有的字我不認識。」

後來，我發現，旁白中的文字她其實幾乎都認識，除了「貪婪」兩字。

是的，孩子不認識貪婪。就是字面上的意思。

創作者可能也要理解這事，你認分，你不貪婪，你是孩子。

沒有的好處

多數的孩子，在創作時都不需要太多東西。

可能一枝很鈍的鉛筆就可以。不必很多顏色的顏料，也不用貴得要命、外國進口的調色盤，連紙都可以是回收紙。可是畫出來的作品就是讚。

因為他只是要畫，沒有太多別的需求。

於是，當他在場，一切就已經完備了。

我們很容易意識到資源的短缺。沒有錢，沒有時間，沒有足夠的人力，沒有豐沛的行銷團隊，沒有足夠的機器設備，沒有夠多的觀眾，沒有嗯……我也還不知道我缺什麼沒有。

老實說，那可能是任性，那可能是搞錯方向，可能是推託，更可能是誤己誤人。

什麼都沒有的時候，搞不好，比較容易意識到你有了。

你有你，那就夠了。

你在場

善書者不擇筆。真正的創作，需要的是你。

你在了，那就好了。

當你一直在仔細端詳自己還需要什麼時，你其實不在。

你不在創作的狀態，你比較是在挑剔的狀態。

你不是創作者，你比較像抱怨者。

雖然說，創作者都很會抱怨，但抱怨的創作者，大概創作能量也是相對低落的時候。

你真正要準備的是你。

我們都很努力想要爭取創作的空間，更想要爭取創作的被認同，但有時候，我們讓自己陷入了貪婪。

「貪婪，意指一種攫取遠超過自身需求的金錢、物質財富或肉體滿足等的強烈欲望。」維基百科這麼解釋。從這個角度看，也許，我們在創作時也不必太貪婪。

你只需要你，創作的你。
有的人會說他要不工作才能創作。我不確定耶。
很多人最後只有沒有工作，同時也沒有作品。
真的要創作，有工作，會把創作做得更有渴望。
渴望和貪婪不一樣。你知道的。你心裡知道，不用騙自己。
有你就夠了。你應該有這種體認。
你有來，並且是完整的你，正要全心投入的你。

你準備好了嗎？
準備好了嗎，你？

順道一提，後來，我女兒唸的旁白，讓影片顯得不說教，很有趣味，毫不貪婪。

請告訴自己

當你一直在仔細端詳自己還需要什麼時，你其實不在創作的狀態。你真正要準備的是「你」，全心投入的你。

換你練習

1 在看這篇前，你覺得你缺的是什麼資源？
2 你看完了這篇，你把你準備好了嗎？
3 你今天要創作什麼？

那個看不到的並不遠

英國和月亮

女兒跟我說，他們在學校討論：月亮和英國哪個比較遠？
有人說月亮。
有人說英國。
說英國比較遠的小朋友說，因為月亮看得見，而英國看不見。
我覺得很有道理。哈哈。
這是一種直覺上的感受。因為看不到，所以覺得難以到達。
擁有廣博地理知識的我們，現在當然知道這可能是一種誤解，不過，卻讓我也在這討論中聯想到另一件事⋯⋯
創作上，好像也有類似的狀況耶。

任何創作，在開始之前，沒有人知道會長什麼樣，沒有人看得到。

尤其，在創作者心中，你對作品雖然有個想像，但從來沒有真的看到；參與的夥伴更是，他們看不到你的想像。

我們看不到那個要去的地方，感覺很不踏實，感覺這件事非常難以成就。可是啊，其實，它就是英國，雖然你看不到，但它其實比看得到的月亮近。

它看不到，但你其實離它不遠。

你長大了嗎？你可以創作了嗎？

不，真正的提問是，不管你有沒有長大，你都可以創作，你都沒有理由不創作。

誰擋住你看英國？

我知道你一定會很快速地回我，「我知道英國比月球近，但英國對我來說，還是很遠。」

好的，那我們可以再追問一下，為什麼比較近的英國看不到？

我決定去請教女兒。

她說：「因為英國在地球的另一邊，只是被地球擋到了。」

是啊，其實英國就在轉角而已，我們只是視線被擋到了。

話說回來，我們已經到達地球了，我們已經到達英國所在的地球了。
你就在地球上，你就只是被地球擋住視線而已。
你就是地球。
你被你自己擋住了視線，只是這樣而已。

我自己常常困坐愁城，擔心自己做不出來，尤其是還沒做的時候。
等到做的時候就發現，自己充滿了想法，想法就在身旁，我的身邊都是可以拿來創作的題材，我就是可以拿來用的工具。我不偉大，但我也不無用，我很好用。
那個想法就在我旁邊，但我的眼睛被自己擋住了，因為我的擔憂太大，所以擋住了我的視線。我只要把頭別開一下，不要再緊盯著我的擔憂，我就看到我的想法了。
真的就近在咫尺，比英國還近。

真的，有些還看不到的東西，其實超近的。
它只是被你自己擋住了。
只要出發啟程，可能就是到達。

創作是世上最簡單的事

創作愈多，我愈有個感覺，就是，創作或許對還沒創作的人來說十分遙遠，但基本上你唯一需要說服的人是自己。你只要肯創作，你就開始創作了，比世上任何事都還簡單。其他事你還需要別人的首肯，你還需要人們認同才能去做，但創作很多時候就是要去改變人們的認知，爭取他們的認同。

因此，在創作前的你，不需要他們的認同。

這句話說起來好爽。因為你是要去改變他們的，所以要創作的你並不需要他們的認同。

再講一次，還是好開心。

有比這還占便宜的事嗎？

我不需要你的認同，我是來改變你的，這就是創作。

小時候，連買什麼東西都要經過爸媽同意，但我在紙上畫什麼倒從來沒有問過他們。

長大了，要買什麼東西也要經過家人同意，但我在書上寫什麼卻從來沒有問過他們。

你長大了嗎？你開始創作了嗎？

不，真正證明你長大的，不是別的，是你知道不必老是需要別人認同才做，而是你知道做了人們就會來認同你做的。

於是，創作，就變成世上最簡單的事。

你說好就好，你做就好。

不要去恐懼

我自己有個感受，恐懼通常是在事情發生之前。

事情發生的當下，是緊張，是激動，好像都不太會恐懼，是想對抗，是想逃走，是想醒來，是想狠狠地揍對方，是想盡全力不管呼吸順暢地奔跑，是想要盡心盡力地同歸於盡。

沒有恐懼。

恐懼是沒事的人的事。

有事的人都不恐懼，因為沒空。

所以害怕創作的心情，很多時候是假象。

那無助於創作，也無助於人生，那唯一增長的只有無法。

很多事都是做了再說，不做卻害怕做不好，唯一做到的是討厭自己，時間過去，悔恨依舊。

恐懼很可怕，所以，最好不要理它。
與其跟它待在一起，不如去創作。
對創作的恐懼，並不存在。做一個不夠好，就再做下一個，不會怎樣的。
你該害怕的是自己的害怕。其他不用。

新增空白

這邊為容易擔心害怕的各位，提供一個良方。
我很愛按「新增空白」。
在蘋果電腦點開處理文件的Pages，按新增，選空白，總讓我有重新開始、重新做人的感覺，說起來，可以拋開過去，不再計較，擁有嶄新的明天，開創無限未來，不是很嗨嗎？
那多少給人一種錯覺，誤以為自己沒有犯下任何錯誤，並即將種出奇幻的作物。哈哈。
所以，有的人害怕重起爐灶，我倒是天天期待新增空白。這當然也可能是我對自己的諸多不滿所造成的，但終歸是創作帶來的美好之一，你可以做個好人的，儘管過往未必。
來，新增，空白。

請告訴自己

創作時，唯一需要說服的人是自己，你只要肯去創作，就開始創作了，比世上任何事都還簡單。

換你練習

1 你覺得英國和月亮哪個遠？我沒有要你回答，我只是要你意識到，看不見的，不會是問題。

2 今天就做出一件作品，不用討論太多，就先做出來再說，要抱怨、要擔心也等做出來再說。

3 一天只要做一個作品就好，但得是你覺得好到可以代表你今天，好到你覺得你可以跟自己說。當然，如果好到你可以跟喜歡的人說，更好！EVEN BETTER!

有段時間沒創作了……

急著著急

可能有朋友會說，哎呦，我已經有段時間沒創作了，實在很難重起爐灶。我相信那個難處，也理解心裡頭的那種不甘，但也知道這其實沒什麼，這很平常。

先不要急著著急。

「急著著急」，你不覺得是很有趣的文字排列嗎？哈哈哈。

我有時候也會覺得，著急真是個怪東西。

著急明明又不能幹嘛，那與其著急，還不如就去做想做的。

當然，有時候，一靜不如一動。

有許多人是在自己人生遇到巨大事件的時刻開始創作，無論是生命遽逝、病凶戰亂都可能，因為對那事件無法可施，於是將著急化為動力，選擇用創作解決自己的人生難題。

從人生的角度看，那當然是一個艱難的狀態。
從創作的角度看，那當然是一個理想的狀態。

但有些人著急的，是無法創作。那當然是另一種了。

這時候，我還是先恭喜一句，因為那表示，你沒事嘛。你因為正在一個人生相對風平浪靜的時刻。因此，有那麼點平順，也有那麼點無聊，有點想創作，但又沒有很想創作，但看別人創作好像很好，又會羨慕，覺得自己明明有才華，怎麼沒有做出作品？

這很正常，也很普遍，也很幸福。雖然你未必認為自己是幸福的。

那天會來的

我聽編輯說過，曾有位作者在自己的新書發表會上，因生病而體力無法負荷走上二樓的書店，於是只好把分享會改到一樓。兩天後，作者過世。時限的急迫性，會促使人將想法實現。還好，出版夥伴認真地將那本書實現了。

時限讓事情實現。

我聽了很有感受，很佩服，很心疼，但也很喜歡。這是一種美好吧。

這樣說來，你其實可以繼續享受你的不著急，繼續沒有作品。不過，我必須說，你也可以創作的。因為你還是有時限。你只是不知道而已。

雖然那天還沒來，但那天必然要來，你可以讓自己不必那麼倉促，而且許多人在接到那巨大的消息時，可能也會忙著憂傷，未必就真的有足夠的體力和毅力創作。

不如趁著現在風調雨順國泰民安，創作吧，讓它實現吧。

不守規矩

或許，你跟我一樣討厭組織給的規定，叛逆不從眾，不想要被人家管，討厭權威人物的奇怪建議，那創作當然是一件叛逆的事。

但不要只有叛逆一下下啦。那樣有點遜。

那就像沒人沒車的時候，穿越馬路。其實，只是很無聊的小東西；更像是，在賣菜的阿媽攤子上，偷拿一根菜葉。有點無聊，也有點沒什麼了不起。

那種程度的叛逆，誰都可以，也隨時都可以，對世界沒有影響，也無傷大雅，頂多只是小奸小惡，貪小便宜。

噢對，貪小便宜，短視近利，而且蠅頭小利。當然不是說你得到什麼利益啦，我真正要講的是，那個規模上的小，偶然的一次小創作，很好，但還不夠好。

最好的叛逆不是違規，而是自己給自己一個規定，並且不管世界地努力遵守，那才是把教條晾在一旁，那才是痛快。因為你不是沒有能力自制、守規矩，你是不想守他們的規矩，哈哈哈。爽。

如果我跟你說，你可以規律創作，你就是最叛逆的人，你會不會覺得很開心？

一種規律的投球

我不喜歡說空話。講講我的做法。

我連續三十五天都在早上一開始的時間寫作，而且每天都寫出一篇文章。大約兩千五百字不等。那並沒有什麼。我通常是四點多還沒五點醒來寫，也有六點寫，也有七點多送完女兒上學後回來寫。

總之，就會盡量把這件事當作一天的要務，排在前面，優先順序，讓它發生。

那也沒什麼，只有我自己知道，沒有其他人曉得。

如果沒有呢？其實也不會怎樣，因為沒有人曉得。

那是我自己的事。

中間有一天，因為要五點出門拍片，所以早上沒寫，晚上回家也沒寫。因為覺得今天已經盡了我的義務，可以休息了。

沒有人知道我沒有寫，除了編輯。編輯如何知道？因為我每天寫完就寄給她，彷彿投稿一般，也像在投球，從投手丘上投出一顆球，讓它進入好球帶，讓它進入捕手手套裡。

我不必多想，我只要投出球，每天固定時間，投出。

沒有投也沒關係，只要明天再投就好。

你把握你的狀態，你掌握你自己的時間，光是時間到就出現在位置上，在原本沒有東西的地方，創造出東西來，就是一種成就。

不必太辛苦，但可以有一個節奏感。

可以走得遠的，通常很輕鬆。你可以再輕鬆點地做，但要做。

你有段時間沒創作了，沒關係。

你接著有段時間要創作，就這樣而已。

後悔是最值得後悔的事

我不會跟你談承諾。

承諾被打破的感覺很不好，尤其很多時候，你已經在後悔了，還要被提醒自己沒有信守承諾，感覺就很難受，就更不想碰這件事了。

我想，可以先不用過分嚴肅地談承諾，你就做就好。

但每天做。

跳過一天，沒關係。

跳過兩天，還可以。

不要跳過第三天。第三天已經是另一個人生了。另一輩子。

你不必承諾自己什麼，但你可以讓自己實現，讓你想要的事情實現。你可以現在補上就好，現在就開始創作就好。

不必浪費時間悔恨。

後悔是世界上最值得後悔的事。

躺著不做，不會比較輕鬆

你說，可是我好像有點習慣不做了。

沒關係，不做不會怎樣。

但不做，不會比較輕鬆的。

躺在那裡想自己好無趣，躺在那裡抱怨世界好不公平，躺在那裡覺得別人好幸運，當然很好，但也沒有多好，因為你還是躺在那裡。

你自己心知肚明，躺著不動，不是真的不動，而是躺在那裡抱怨自己，怨懟自己。

你要是可以完全什麼都不想，心情平靜，感到無比喜悅，對自己毫無虧欠，感到一種和宇宙合一的狀態，peace，那你可以不要創作。

你是真的躺著不動，但心靈澄淨。

然而多數時候，你不是。

你有所求，你不安，你害怕，你困惑，你甚至可能肚爛。躺著不動且肚爛，久了，肚子可能真的會爛掉，身體會崩壞啊。好可怕。

還不如躺在那裡，但開始做一個作品。

就算躺著，也可以創作

誰說不能躺著？

馬克．吐溫每本書都是躺在床上寫的，真的，他以前在密西西比河上當引水員，所有的空間只有一張小小的水手床，所以，他都是在床上看書，在床上拿一塊人家不要的板子放在腿上用鋼筆在本子上寫。就算到後來成了大作家，還是這樣寫。

台灣文學之父葉石濤老師，在白色恐怖被抓去關後，從小學老師，成為受刑人。出獄後，當時的時空背景下，沒人敢聘僱這樣一位思想犯，他只能找工友的工作。在打掃撿垃圾後，拿塊人家不要的棋盤木板，墊在腿上在樹下寫作。

我無意說你現在很幸福，但比起來，我們真的可以自由地創作，唯一要對抗的是自己而已。比起來，應該更容易成事啊。

就算躺著，你也可以創作的。

創作，最如人意

多數時候，我們人生在世都不能如願。

考不上想要的學校，無法跟喜歡的人在一起，上班的地方不是小時候想像的，工作也不是小學寫的志願，連鏡子裡的自己長相都看不順眼。這是事實，你無法改變的事實。

但也有個事實，你可以讓它發生。

你讓一個事實發生在現在，那就叫實現。

你可以決定讓自己創作。這百分之百可以達成，你只要去創作就好。

創作會讓你找回成就感，讓你有把握。你說怎樣就怎樣，而那會使你感到安全，感到快樂。比起世上許多不如人意的事，創作最能如意。

大預言家

你是實現的專家。

阿美族有個奇妙的說法，我非常喜歡：

「每個人都可以成為偉大的預言家。只要你去實現你說的話。」

你就去創作，把你想的東西做出來，就好了，輕鬆又方便，開心無法擋。再說一次：

你有段時間沒創作了，沒關係。

接著有段時間會創作，太好了。

請告訴自己

你把握自己的狀態，光是時間到就出現在位置上，在原本沒有東西的地方，創造出東西來，就是一種成就。

換你練習

1 你多久沒創作了？沒關係，算出來，然後，補回來。但補的方式不是補上你缺的時間，而是兩倍。因為你本來就會創作，所以，那叫還回來。

2 寫下你不創作的痛苦，列出二十個感受，不要只是名詞，最好是句子。然後揉成一團，拿去，丟掉。

3 你現在好了，壞掉的東西已經丟掉了，你現在是神祕的創作者，完好無缺，現在就是最完美的時刻，你所向無敵，你是你最好的朋友，你們一起創作。

2

身為創作者，你不需要的是

〃事前焦慮，事後沉溺挫敗，和結交不對你好的人

此刻的你，可以做

你不怕他，他就怕你。

這是廖玉蕙老師跟我說的。那時，我們是在討論疾病。
但我發現在創作上也是如此。
畏縮，多數時候，是我們創作的模樣。甚至，可以說是本色。
對啊，你要跟造物主一樣，創造些什麼，怎麼可能會不害怕？
就算不害怕，至少怎麼可能會不害羞。
害怕、害羞，有時會害了我們，害我們沒有東西。
這點我非常有感受。
都說要創作前，你得大量地閱讀，大量地接觸作品。於是當你看愈多時，你會愈擔憂，你會愈來愈恐慌。你會想，人家的東西那麼好，我到底憑什麼讓我的東西來到這世上，面對這世界？

看愈多，手愈抖。

音樂、戲劇、文學、舞蹈……我想，跟藝術創作有關，都會有這種煩惱吧。

回到最前面

我剛入行時，很窮，可是，前輩叫我們一定要看廣告年鑑，而年鑑又超貴，一個月買個幾本，可能就相當於薪水了，我還得付房租餐費呢。可是，看的時候很陶醉，很興奮，因為覺得我竟然可以生在這時代，可以看到這些作品，實在好幸運。那時，還有種奇妙的心情，我竟然跟這些天才，算是同行，我好開心。

那是剛入行的時候。

隨著時間推進，你慢慢會忘記那個興奮感，取而代之的，比較多是疲累，多是挫折。

當然，還多了點自知之明。

有沒有機會，再次回到那種興奮感呢？沒有辦法。

但可以有些想法。

跟零比

我建議，不要跟一百分比。

跟沒有做的你比。

我們容易因為覺得不夠好就不做了，但卻忘了，如果沒有做，就是零。你其實不必跟一百分比計算差多少，你只要跟零比，也就是，做多少就算多少。

做多少，就有多少。

用你現在的狀態，做出你的百分之百，因為你是在做創作的，不是來考試的。

你的對象是世界，你的對手是自己。

話說回來，那看那些作品是幹嘛？

看作品是為了讓你避免重複，避免做人家已經做的，避免被誤以為抄襲。除此之外，就是培養你的品味，讓你變得更好。不是要讓你覺得自己更糟的。

千萬別搞錯了，跟零比，跟沒有做的自己比。

舉不起啞鈴

我們通常在創作時會焦慮，會覺得做不下去。

但其實只是，「覺得」。當你會覺得做不下去，可能表示你還做得下去。

我每天都舉啞鈴，每天都覺得舉不下去。但當某天真的舉不下去時，會怎樣？

就舉不起來呀。根本不需要提早去「覺得」。

也就是說，創作者很多時候都需要感覺，但面對做作品時，其實，可以稍稍不要那麼多心思，可以只想看看要怎麼做。

把想「這作品不夠好」的心思，拿來想「怎麼更好」。

沒有辦法做

這樣說好了，此刻，正在苦惱的你，還有機會選擇苦惱呢。表示你是有選擇的。

我的家人正在做化療，化療時白血球會掉。今早聽說家人的白血球掉到四二〇〇，標準是四五〇〇。高敏感人格的我，當然反應很大，有點心急。

但我也是個表演者，我知道什麼時候該表演。

我追問，「那還可以繼續化療嗎？」通常白血球數量若太低，醫生會建議暫停治療，待數字拉高再繼續。家人回答：「可以。」於是我安慰家人，「至少可以繼續治療，那表示還在可接受範圍內。」

我不太知道這樣的對話，對你有沒有意義。對正在創作的我，是有的。

可以做，就可以做，就繼續做。

因為總是會有不可以做的時候，那時再不可以做就好。在那之前，就好好做。

可以焦慮自己做得好不好的人，表示至少還可以做。

不要想那麼多，因為有人無法做。

此刻可以讀這篇文章的你，至少可以有個確信。

此刻的你，可以做。

請告訴自己

可以做，就可以做，就繼續做；總是會有不可以做的時候，那時再不可以做就好。不要想那麼多。

換你練習

1 你對創作感到焦慮嗎？

2 覺得自己什麼地方不夠好？把它寫下來。

3 把剛剛寫的，燒掉。沒有打火機的話，把它用力捏成一團，很用力哦，然後，踩，用力踩。最後，丟到垃圾桶。好了，你把不夠好的自己丟掉了。現在的你，是更精粹的你了。噢耶。

只是跟你想的不一樣

準備好，讓它發生

拍片要有分鏡，要有拍攝run down，好讓所有人知道今天要到哪些場景，要準備哪些東西。你得準備好所有事，好避免出任何差錯。

但以我的「體質」，我發現，跟我工作，往往很容易出差錯。或者，我們不要用差錯這個概念，可以用「跟你想的不一樣」。

熟悉嗎？

以前有本書，《有錢人想的和你不一樣》（*Secrets of the Millionaire Mind*）。但我認識的有錢人都沒讀過這本書。哈哈哈。

話說回來，我們不都在追求不一樣嗎？不一樣，就是創意，就是創作的基本。我們都在尋求靈光一閃，都在期待那個屬於創作裡頭超越人可以操縱以外的部分。但真的發生時，我們可能又驚慌無比。這真是矛盾啊。

然而，理解矛盾的人，才會來創作吧。

否則大可以去做別的充滿可預期的事。

降低焦慮感

你比賽過嗎？

有時候在高張力的比賽裡，人們積極地想求勝，全身也跟著僵硬起來，那個緊張感，甚至會讓你眼睛看不見，耳朵聽不到，你人在那裡，但又好像不在那裡。你不是正常的自己的狀態。你幾乎無法進入比賽的狀態，當然更無法解讀比賽的情勢，你會失去比賽能力。

可是，在犯了個小錯之後，掉了一分之後，那個焦慮感，奇妙地可以消失，隊友間可以喊出聲音相互提醒；開始眼睛看得見，耳朵也聽得到。

覺得沒什麼大不了，從那刻開始，才真的進入比賽的狀態。

有趣的是，創作也是如此。

完全順利、沒差錯的創作，難免反而讓人緊張兮兮，覺得哪時要出狀況了，或者，這麼順利，是不是因為我們沒有很努力，所以才沒有阻礙？我們真是奇怪的人呀！而當出了狀況，我們好像反而會降低焦慮感。

出了狀況，沒什麼大不了的狀況，我們才能進入狀況。

準備好計畫，好被打亂

試著給你另一個可能的想法：

我們準備好，不是為了追求完美，是為了出狀況時可以承受，仍舊讓事情可以成就。

你有所準備，不是因為要做曠世巨作，而是為了讓作品完成。

你只是要讓作品完成，這麼卑微的願望，宇宙當然會陪伴你，尤其在你認真地有所準備的時候。

你的團隊在每個環節都會出差錯的，都該出差錯的。於是，當出差錯的時候，當他們跟你想的不一樣的時候，你可以面對。你甚至可以坦然面對。

你有買保險。買保險不是為了防止這件事發生，而是當它發生時，你們還可以繼續。你的計畫可能會被打亂，但不要太過驚慌。你只需要處理它，不需要太多情緒。

你知道什麼時候計畫不會被打亂嗎？沒有計畫的時候。

但沒有計畫，其實意味著若發生任何一件差錯，任何一個跟你想的不一樣，都可能會變成災難。

沒有計畫，才是問題，才是最大的風險。

你有計畫，你準備好了，那就好了。

你準備好計畫，好讓它被打亂，好讓它跟你想的不一樣。

好讓作品跟你想的不一樣。

這大概也是關於創作的一種描述方式吧。

馮內果在《沒有國家的人》（*A Man Without a Country*）裡，寫了句：

「難道你不覺得這個星球是宇宙的瘋人院嗎？」

有時候，可以安慰我們。

我們或許比較不瘋啊。

請告訴自己

準備充分不是為了追求完美，是為了出狀況時仍讓事情可以成就；跟你想的不一樣的時候，甚至可以坦然面對。

換你練習

1 你最近遇到的小差錯是什麼？

2 把它替換成「跟你想的不一樣的事」，再描述一次。

3 你每天都可以練習三次。

理解沉沒成本，讓你不沉沒

緞委

那天，女兒在我面前，站著動一動屁股。

我想說怎麼了。結果，她說：「壯圍。」

我，「蛤？壯圍？」突然跳出宜蘭縣的鄉名，是什麼意思？

她又再說一次，「緞委。」

我開始思考，從溝通者的背景來加以分析，女兒她很愛看動物小百科，恐怕會是從這裡來的東西，那到底是什麼呢？

「緞鮪嗎？一種魚嗎？」

「不是啦，斷尾呀！」她又搖了搖屁股。

喔，斷尾。斷尾求生的斷尾。

你怎麼能夠要求一個拍了一天片回到家累得頭暈暈的爸爸理解呢？

但確實也提醒了我，我們今天斷尾過。

斷尾的故事

我是一早五點起床出門去拍片的，搭六點多的高鐵。我們要到台灣南部拍片，好避開北部的陰雨天氣。六點半開車往高鐵的路上時，製片傳訊給我，請我上車後傳個訊息通知她。我依言行事，在月台上告訴她我已經準備上車。

結果，等到我抵達台南站，和其他工作人員會合時，才知道在我悠閒地喝咖啡看報紙時，他們處理了件事。

攝影師、美術指導、製片相約在高鐵站，但等到發車前十分鐘，還沒見到一位助理，而車票都在這位助理身上。他們撥他的手機都沒接，還好，攝影師想到他有助理家裡的電話，於是，打去，是助理的妻子接的。

原來出發時間太早，助理睡過頭了。

製片和攝影師當下趕緊討論應變方式，在電話的背景裡同時還有小朋友哭泣聲，應該是助理沉睡的孩子在濕冷的早晨裡，被家裡突然的聲音驚醒了。

他們決定請助理趕到下一站，但由於也不確定助理趕到的時間，因此，只好先假設他趕不及，已經集合的其他工作人員則全部重新買票。

把助理身上的票全部當作沉沒成本，好避免真正重要的拍攝工作被耽擱。

這就是斷尾。

沉沒成本

沉沒成本（Sunk Cost）不是讓你沉沒的成本。

是指已經發生、無法透過任何方式收回的成本。

從經濟學的角度來說，在做任何事情的決策時，要考慮的是可變成本，也就是可以再回收的成本，而不是沉沒成本。因為沉沒成本已經離你遠去，無法再賺回來了。最怕的是，你因為已經花了那些資源，花了錢、花了時間，所以，影響了你的決策——明知道這不是你想要的，卻還是繼續下去，但只是賠上更多。

比方說，花錢去餐廳吃飯，吃了一半，覺得真是不好吃，甚至是太難吃，可是因為已經花了錢，你選擇繼續吃下去。結果吃了完全不想吃的——原本你只需要吃二分之一的難吃的菜；你花了更多時間——要是即刻起身離開，你本來可以跟身旁的伴侶，去做其他你們更喜歡的事，坐在餐廳門口聊天，在夜晚的星空下散步，去花園裡走走，都好。

最常見的就是，談戀愛時。

談戀愛談得死去活來，也在這過程裡，發現對方不適合你，可是你因為付出了很多心力，明知道未來不樂觀，卻還是繼續，覺得要是放棄了，就浪費了過去的投入。結果，真正浪費的是你之後的時間，你選擇繼續和錯誤的人在一起，對的人就進不了你的世界。

真正該做的是，趕緊和對方切割，不要再耽誤彼此。過去的時間和精力，就當作沉沒成本，已經沉入大海中；你唯一要做的是放手，不要跟著那段關係，一起沉入大海裡。

天啊，這樣說下去，我都快成為兩性專家了。但我要談的是創作。

方向和夥伴

創作的現場，常常會有你已經投入許多，明明知道不對勁，卻因為捨不得而繼續的狀況。這會造成更多的損失，造成你離作品更加遙遠。

以剛剛高鐵票為例。如果拘泥於那幾張高鐵票的費用，因此留在原地等待助理前來，有可能會因此耽擱到拍攝的時程，進而拖延到整支片的執行進度——因為幾千元，卻讓兩、三百萬元的片子受到影響。

但這很難判斷，尤其在當下，可能會想要讓那沉沒成本變成可變成本，也就是在現場等助理來，因為那是白花花的錢呀。你捨不得浪費。

在工作上也是如此。

我們通常會捨不得金錢損失，另一種情況，我們也會捨不得人員的損失。廣告產業非常重視人才，因為產生作品需要人員，而人員需要時間培養，你會需要投入時間、精力和金錢資源去教育。

問題來了，那當你已經投入了一段時間，卻發現夥伴不太適任，你會怎麼做？

我傾向給三次機會。之後，可能就減少合作的可能。跟戀愛一樣，對方可能也沒有錯，只是你們的關係沒有對等，繼續只是勉強，甚至只是耽誤了對方，還有你和你的作品。

還有一種是，執行。

我們往往會因為投入了，就覺得不能更改，要表現出毅力來，於是繼續堅持。我認為如果是創作理念的堅持，完全沒有問題，但在執行上，總是有彈性的空間，總是有變化的可能。

不需要因為覺得投入了很多就不能浪費。
如果遇到更好的想法的話。

不計任何代價？

我認為沒有任何事會是白費的。你投入的心血，一定也轉化成了你的經驗值，你的夥伴也同時有了成長，你們可以適時地改變做法，只要作品會更好。但這真的不容易。

話說回來，如果非常在意沉沒成本的話，很捨不得浪費的話，我提供一個思考的方向：如果擔心沉沒成本，就創造更高的效益。

盡力讓作品更好。

我們不是常常說要不惜任何代價創作嗎？怎麼「代價」一變成「成本」，就退縮了呢？

這是每位主事者可以思考的。你口中的代價，難道只是員工的時間嗎？浪費員工時間就可以，浪費公司資金就不行？

要小心一件事，當員工因長期被剝削壓抑，就算花很多時間，也不會做出好東西，你只是白花錢。但，要是你願意用更高的費用，好激勵肯定員工，常常是花小錢卻可以賺大錢。

「不計任何代價」或許是個空話，但，確切地去思考，定義出沉沒成本之後，就該把它放在後面。你可以努力地去創造更好的作品，好讓那些沉沒的成本成為你隱形的助力。

承認自己跌倒了，比較有機會重新奔跑。

在創作上，同樣的，已經意識到有問題時，就該改變；不要因為改變會需要花錢，而止步不前。當然，這真的很難下判斷。

順道一提，我們的助理趕上了那班車，但他手上的票無法退票，確實造成了損失，可是，因為製片及早認列為沉沒成本，沒有浪費時間在那七上八下，沒有因為助理的小失誤而打壞團隊一整天的工作情緒，讓所有人可以安心地前進，好好地把目光焦點放在作品上，而不是怪罪細微末節。助理後來一整天的表現也很棒，因為他感受到大家的善意，理解那份包容。

把作品做好，才是重點。

認列沉沒成本後，有時反而海闊天空。儘管可變成本和沉沒成本，總是決策者的難題。但總是可以提醒自己一句：不要太過拘泥沉沒成本。

與其沉沒，付出成本吧。

我女兒都懂斷尾了。雖然她沒有尾，哈哈哈。

請告訴自己

如果擔心沉沒成本，就創造更高的效益。盡力去讓作品更好——好讓那些沉沒的成本成為你隱形的助力。

換你練習

1 你認為你現在創作的問題是什麼？
2 你認為什麼是你現在的沉沒成本？
3 你需要什麼改變？你要改變嗎？

擔心是有價值的

擔心不好？

我們創作者常有擔心的症頭。

很怕臨場表現差。我很會擔心。尤其是拍片前、提案前。

覺得擔心不好，覺得擔心是種示弱的表現，覺得擔心的感覺很不舒服。有時候，甚至會因為那擔心的感覺很不好，就想逃避。可是，如果就因為這感覺不好，我們就不要做嗎？

我的意思是，在創作的領域裡，如果因為不喜歡「擔心」的感覺，所以決定不要做任何嘗試，那才是最該擔心的事吧。

還有，對於尚未發生的事而擔心，是人類的高級表現，動物通常不為以後的事擔心呀。

這樣說來，會不會，我們也常常過分地擔心擔心了呢？

不要太早擔心

我女兒願願為了放學後的作業憂心忡忡。晚上媽媽生日要家人聚餐，她怕功課沒寫完去吃飯，吃完飯後再寫，就會太晚。守規矩的她，都急得哭了。

明明還有兩個多小時可以寫，她平常功課大概都寫不到半小時而已。

我勸她，「你不要急著哭。現在先哭了，那這樣真的來不及的時候，要做什麼呢？都已經哭完了。」

她停下來，好奇地望著我。

我繼續說，「那你現在要不要開始思考一下，等一下沒寫完要幹嘛啊，我很擔心你不知道要做什麼。」

她驚訝地望著我，轉動大大的眼睛，思索著我怪異的問題。

Just Say It

可以跟大家說你很緊張。

這是我聽台灣職棒最多勝的總教練說的。

他以前參加非常多場國際賽，那些賽事的壓力之大，不是我們常人能夠想像，因為背負著自己的期許，更有整個國家的盼望。

他遇過選手跑來問他，賽前很緊張，怎麼辦才好。

他回：「去跟每個人說你很緊張。把它說出口，不必壓抑在心裡，因為那就是你，去跟大家說你很緊張，你很緊張。」

我問，「然後呢？」

「然後，比賽時就不必緊張了，等到比賽喊play，就專心比賽。」他說。

聽起來好像比賽前盡情緊張，比賽時盡情比賽。哈哈哈。

初看好像沒有什麼，但仔細想，就會理解，這是一種先承認自己就是弱，就是無法承受，於是，就會變強，因為已經意識到自己的弱了。

欸？這樣說起來，我女兒不就跟最多勝教練的做法一樣了？

大方地承認自身的緊張，有時不會是示弱，而是一種強壯的表現。

對了，我還聽說有位超級強投在重要大賽前一定會跑去廁所吐，因為太緊張了。但只要他有吐，就一定會贏，而且是贏很多。

這樣有沒有讓緊張的你好過很多？Just Say It!

去做點什麼

凌晨四點，我躺在床上想事情，最近要跟個知名樂團的合作，想啊想的，決定爬起來。天當然是黑的。我煮了咖啡，仔細地手沖，一邊沖一邊想，然後坐到電腦前，乾脆把東西整理成一個提案檔。

但事實上，我今天才要去聽他們跟我說工作內容，也就是所謂的brief，他們工作都還沒發下來，我就把工作做完了。看起來好像我很厲害，但其實我是在解決我的焦慮。

你可能會問，「這樣不是會做白工嗎？如果人家根本沒有要你做這些。」

對，當然可能會是做白工，但看你對做白工的定義如何。

我不是只為他們做，我也在為我自己做。我自己想要，而且我覺得做了我會舒服，所以我做了，然後舒服。

我這邊也想跟創作的你分享一件事。

你會說棒球選手在夜裡做揮棒練習，是做白工嗎？

你會說在健身房裡鍛鍊身體的自己，是做白工嗎？

如果不會，那你為什麼會覺得做超過人家要求的事，是做白工呢？一樣是讓自己更好呀，那為什麼不去做？幹嘛讓自己只是坐在那邊擔心，你可以做點什麼的啊。

我有一個發現，你聽看看。

很多時候，創作者會有焦慮，先試著接受它，但與其在那邊乾著急，不如就變成創作的動力，就去做點什麼，把它做出來就好。

你做了不是為了求什麼報酬，而是你對焦慮的報仇。

你讓它成為你的助力。

不會有白做工的，只有白擔心的。

沒有下一次？永遠有下一次

我們的擔心，常常也是來自於創作的珍稀性。

要是你每天都得刷牙，你大概不會前一晚就擔心明天起來刷牙刷不好，因此睡不著吧。

你害怕這次的創作要是不成功，要是沒有如預期，就沒有了。因為沒有下一次了。

確實會，但那可能也只是你觀看的角度而已。
這樣說好了，你也不是一直在刷牙呀，你今天早上刷完，可能下一次就是晚上睡前再刷。你沒有一直刷牙，但你知道你會繼續刷牙，就算中間會有空檔，就算你這次刷牙沒有刷得超好，你下次再仔細刷就好了，你不擔心。
那麼，如果你把自己看待成創作者，你這輩子就是會一直創作，就算這次創作沒有做到完美，你還是會有下一次。
只要你願意讓自己繼續創作，不必擔心啊。

不要急著說我在講歪理，再說一次，我理解創作的珍稀性。
我們重視作品，努力地避免失手，可是有時也難免會失手。
但重點不在於你接著的這次會不會失手，而在於你就算會失手，你還是敢出手，下次還是會出手。
你是創作者，就該一直創作，只要你讓自己永遠有下一次，那就不必太擔憂這次了。
永遠有下一次的。這是你可以給自己的承諾。

Alternate Take

我喜愛的小號手邁爾士・戴維斯（Miles Davis）有一張在哥倫比亞唱片的錄音，裡頭有幾首歌，標題寫的是「錯誤版本」，有一次我跟朋友聊起，結果他非常憤怒地說，哪有錯誤的版本，那只是不一樣的版本。

後來，我再仔細看，真的，人家英文是寫Alternate Take，才不是中文翻譯的「錯誤版本」。哼！

對，我要用這個來鼓勵你，你只是沒有照你計畫地做，你只是沒有按著樂譜演奏，那不是錯誤的版本，那是一個另類版本。那是世界的奇妙力量運行做出了特別的選擇。

那不完全是你的責任，但仍是你的作品，一個另類作品。

這樣想，是不是好過許多？你只是在創造一個預期外的作品而已。

你當然還是可以繼續創作，你也可以在下次創作一個你預期的作品。

該擔心的時候擔心，現在是玩的時候

回到前頭聊到的，比賽是play a game，演奏是play music，演戲是play the role。

你有沒有想過為什麼它們都是play？

因為創作應該是有樂趣的。

你不是不能擔心，你可以擔心，但你也要play，然後，在創作的當下，就好好play吧。

擔心的時間已經過了，你現在要好好玩。

順道一提，結果，我女兒只花二十分鐘就寫完作業了，那我剛剛花二十分鐘安慰她，不是很蠢嗎？

不，一點點也不蠢，那就是人生。

遲早，有一天她不會再需要我的安慰，但在那之前，此時此刻，我可以跟她抱在一起，創造我們的記憶，可以在日後讓我們回想品味，那是多麼珍貴難得，而且專屬於我們，而這都是因為她的擔心所創造的。

擔心是有價值的，看你擁抱的方式。

請告訴自己

試著接受創作的焦慮，與其在那邊乾著急，不如就變成創作的動力，做點什麼，不求報酬，而是對焦慮的報仇。

換你練習

1 關於創作你現在擔心什麼？
2 你為這個擔心做了什麼？不要只停留在擔心。
3 下一次擔心你可以跟自己說什麼呢？

那不就好了？

有，就好

有位朋友和我說，最近覺得自己的東西沒有最初想做的時候有趣了，我細問他情況，聽來比較像是內部溝通後，因為想要更聚焦在某條故事線上，放棄了其他幾條故事線。如此故事單純了，預算規模也縮小到較可控的範圍內，只是他覺得稍稍不有趣了。這很正常。我試著安慰朋友，不，稱不上安慰，我是說這樣很順利，只是減少了故事線，而不是這整個計畫都不見了。

已經順利到不行。

不，也別誤會，我不是說每次都要妥協，以他的狀況，更是集體決策的結果。

我只是說，至少有結果，至少在前進著。

有，就好。

怎麼才好？

我們永遠在拉扯著。

創作者要和人合作，合作就有想法不同，不同時我們就懷疑自己，也懷疑對方。

跟自己拉扯。

跟對方拉扯。

我不認為這種情況可以避免，我只能分享我怎樣想。

如果我們的東西夠好，那在拉扯後，往對方的方向去了兩成，那也有原來的八成。

如果我們的東西不夠好，那麼被拉扯後，往對方的方向去一些，那無論如何，應該只會更好吧？

那不就好了？

作品和做作品的你

可能我們可以稍稍做個區分，幫助我們繼續創作。

作品代表我們。

但作品完成後，就離開我們了，就像孩子一樣離開我們了。

它在這世上的際遇如何，我們當然關心，而且是世上最關心的人。

然而，它的際遇如何，該影響我們是怎樣的人嗎？

我想未必。

我們和作品本身都是獨立的存在了。

我們在乎作品在這世上的評價，但或許我們可以做的事不多，我們只能管好自己。

也許，我們可以做的是，在創作完這作品後，我們有沒有更好？

我們可以做出下一個更好的作品嗎？

我們其實已經不一樣了，跟當初做作品的人不同了。

就算那作品不夠好，已經做過那作品的你，是不同的人了。

你愈來愈好。

那不就好了嗎？

請告訴自己

作品代表我們，但彼此是獨立的存在。在創作完後，能夠做的僅有：我們有沒有更好？可以做出更好的作品嗎？

換你練習

1 回想一下，上次你覺得不太OK的作品。

2 站起來拍手，原地跳三下，大喊三聲：Good! Good! Good! 慶祝你曾做出作品。

3 現在可以做出下一個作品了。你是不一樣的你，你的作品也將不一樣。

今天是今天。昨天是昨天

今天是三月九號

女兒今天起床，跟她媽媽講的第一句話是，「今天是三月九號。」媽媽當然很訝異，問說怎麼了？她回答，「養樂多到期。」

原來，她睡夢中迷迷糊糊，卻記起了幾天前我跟她說的事。但對我來說，卻別有意義。

一早起來，手沖完巴拿馬咖啡豆，正在喝咖啡的我停了下來，仔細想這句話。對，今天是三月九號了。昨天是三月八號，昨天已經過去了。

昨天世界棒球經典賽台灣隊的第一場出賽，遇到了亂流，對上巴拿馬，輸了七分。中間一度差點被提前結束比賽，因為在七局前若落後十分以上，就會被提前結束。幸好，吳念庭打了一支兩分全壘打，續命了。

我正在喝的咖啡是巴拿馬的巴魯火山波奎特產區，瑪瑪卡特莊園的綠頂鐵比卡種水洗豆，為什麼喝這個，是因為起床時我也迷迷糊糊的。猛然想到，昨晚的比賽，突然覺得彷彿一場夢。幾乎要忘記了。但我猜，昨晚一定很多球迷不成眠。

如果你也是其中之一，那我想，或許你該想想在場上受到打擊的選手，他們應該更是睡不好。在知道陣容或許不是歷年最好的狀態下，還願意代表國家隊，還願意出賽，並且在幾萬人的注視下上場，身上的壓力是巨大的，遠比平常在重量訓練室裡扛的槓鈴來得重上許多。

如果你知道可能會輸，而且可能會被言論攻擊，你還會出賽嗎？

他們面對，他們承擔，他們是平均只有二十七歲的新生代，他們接班國家隊，許多人都是第一次打經典賽，但他們來打了，而且得面對「在主場不能輸」的心理壓力，那已經不是單純的用身體打球而已了。

那是場試煉。得煉過，而不是只有練過。

而且，爐火很旺，你身上沒有太多防護裝備，你只能踏進去。

他們在場，並且出場了。那是勇氣。知道要面對什麼，而且是未知的什麼，並且清楚自己可能會受傷，心理上的受傷，然後，試著去面對，然後也真的就遇到挫折了。

我想到的，是創作。

創作就是這樣，會讓你丟臉的東西。

儘管你很努力，你還是很可能丟臉，還是會被批評，還是會被挑戰，被質疑做出來的是什麼爛東西，而你和對方竟可能有個共識，就是你做得真的可能很爛，真的不如預期。

因為是創作啊，創作就是有不確定性，一開始做，會做不好，做了很久，還是有可能會做不好，因為每一次都是新的，每一個作品都是新的歷程啊。

創作，是會讓你丟臉的東西。

那你還要做嗎？

你今天還要做嗎？

鈍感力

創作者跟運動員一樣，面對大量的不確定情境。比起工廠裡的機器總是能夠穩定地產出，我們得承受更多可能的變化，可能會因此有期待以外的美好，當然也更常有期待以外的挫敗，因此壓力累積得巨大且快速。

日本小說家渡邊淳一先生在二〇〇七年提出「鈍感力」的概念，他提到，現代人太過敏感反而容易受傷；相對而言，鈍感力反倒是一種不讓自己受傷的力量。

鈍感力就是一種遲鈍的能力，不是要人無視所有的負面情緒，但不要過分敏感。具備不為小事動搖的鈍感力，其實非常值得現代每個人思考運用，因為我們的社群媒體眾多，你更容易接收到外界來的資訊，有些是雜訊，嚴重影響你創作的動力。

前面提到，台灣隊打出第一支全壘打的吳念庭，也是知名球員的父親吳復連在比賽前給他的教誨，就是「神經大條一點」。

是的，面對大賽，我們難免興奮緊張；同樣的，面對創作，難免焦慮擔憂，但是讓神經在那當下能夠緩和一些，對於外界的訊號，可以酌量或者減量接收。

當然，還有在面對必然要出現的挫折時，也可以輕盈一些地放下。

你已經來到今天

只是，做為創作者，我們相對敏感，如果沒有這個敏感，恐怕我們也未必能夠有良好的創作。那怎麼辦呢？我想到一個自我對話的方式。

昨天是三月八號。

今天是三月九號。

你已經來到今天了。

「昨天」已經走了，你到不了「昨天」，就先把它放下吧。

你在「今天」裡了。就算你多想，你還是在「今天」裡，你可以做的是在今天，跟昨天可以沒有太多關係的。

你當然還是你，但你應該意識到，你是「今天的你」了，你不是「昨天的你」。

這不是什麼思考的角度，這是物理上的狀態，這是真實世界，這是你的情緒無法否認的。

你可以不相信你，但那只是「昨天的你」，你可以相信時鐘、日曆、手機和報紙，它們都告訴你：

你已經是「今天的你」了。

你是今天的你，不是昨天的你。

你今天可以決定今天的你，用今天的態度，決定今天的姿態。

因為，已經是今天了。

今天是三月九號。

今天是今天。

昨天是昨天。

請告訴自己

面對創作，難免焦慮擔憂，何不減量接收外界的訊號？面對必然要出現的挫折時，輕盈地放下。

換你練習

1 列出你昨天不順利的創作，就算只是過程。

2 燒掉它。若有安全上的顧慮，用你的手把它撕得碎碎的，愈碎愈好，然後，拿去丟掉。

3 好了，你是今天的你了，做出今天的創作吧！現在就做。

不需要安靜，但需要平靜

創作環境

我非常喜愛日本作家梨木香步的作品《家守綺譚》以及續作《冬蟲夏草》，故事主角是位不成氣候的年輕文士，高中同學因為划船意外而喪生，同學父親不想繼續住在那宅院，於是央貧窮的他來看顧這有不小庭院的房子。他就在這寫作，雖然孤身一人，也沒錢娛樂，但每天都有奇事發生，甚至有些喧鬧難解，是我近期非常喜愛的生態小說。

故事裡的主角，努力創作就為賺取微薄稿費，也因貧困，沒有太多選擇，但寂寞的他，倒也不孤單，因為有野狗來找他。無聊的他，只能對著院子裡的百日紅唸詩、讀自己的詩文，卻也因此讓百日紅愛上了他。對，百日紅是植物名，你沒看錯，它愛上了他。這也引發我追問自己：如果同樣是生物，為什麼我們就認為植物沒有情感呢？

好的，我真正要說的是創作環境。

你不需要安靜

知名的廣告公司上奇（Saatchi & Saatchi），是一對兄弟所創立的。他們曾經為英國保守黨柴契爾夫人做廣告，也啟發我可以為「國家」這種尺寸的量體創作，如果理念是認同的。其中有個小插曲，有次他們去首相官邸提案完，被否決，而且因為選舉不單情勢緊張且時間不多了，他們必須在三小時內提出新構想。

怎麼辦呢？已是深夜的倫敦街頭，他們只能在喧鬧的酒吧裡發想，周圍全是近乎發瘋的喝醉酒客。結果，他們成功想出東西來，提案順利外，並在日後的選舉取得勝利。

我有類似經驗

知名飲料「左岸咖啡館」是我這世代文案的聖堂。作品雋永外，也具時代影響力，在巴黎沙龍般濃厚的文藝氣氛中傳遞人文哲學、藝術思想。可想而知，文字也特別難寫，既要有獨到思維，又不能艱澀難懂，失去溝通價值，因此才說是文案的聖堂。

我有幸也不幸地操作了幾年。

有回，格外不容易。因品牌策略調整，彼此要求都高，據說之前已有數次提案無法通過，原因很多頗複雜，只能說大家求好心切，將標準拉得頗高，然後就像跳高紀錄一樣，沒有人跳得過。

這差事落到我頭上。我和夥伴想了一段時間，想出不錯的東西，但最後的結語很難下，寫不出來。不，從來就不是寫不出來，是寫不出夠好的。

眼看著又弄到了晚上，我也有心理準備要跟它拚了。

我曾經為這品牌寫一句話，整整兩週沒有做其他事，週一寫到週五，週末把自己關起來，不准有任何聲響，不能有任何干擾，就一直寫，一直寫，寫了上千句，而且上千句都不是混的，是很用力寫的。

我打算等公司的同事都走了，自己在空無一人的辦公室，繼續想，迎接信義區的日出。

結果，我老闆找我去吃飯。

我根本不想去。任何餐廳都有人，有人就是吵，我才不想浪費寶貴時間，最後寫不出來，還不是我的事？但我老闆硬是把我拉出去，理由是「人總要吃飯才能喝咖啡」。不，這種理由比較像我說的，而且是現在的我說的。

總之，我被他硬是帶出場了。

而且，到那餐廳我差點昏倒。

海鮮攤

大大客滿的海鮮攤，四周全是臉紅紅講話超大聲，並因太吵而必須更大聲回話的酒客。人們自在地用台語興奮喊著「台灣拳」，整家店沸騰一如桌上的深海石斑魚火鍋，冒著泡泡，充滿「啵啵啵」的感覺。

結果，我就在那裡寫出來了：「人是巴黎最美的風景」。日後，作家韓寒來台旅行，好像有另一番解讀。

對了，那支片的女主角，我們挑了位在巴黎讀書的女學生，因為是大家都不熟悉沒見過的生面孔，好搭配全新的品牌策略。那女生名字很特別，我還記得打在投影片上的樣子。她叫桂綸鎂。

後來，我再也不在乎環境的安靜了。重點始終是心境。

《家守綺譚》裡都沒什麼人打擾，主角還不是招惹了百日紅、野狗、貓、香魚、山神、狐仙……哈哈哈。

被打擾也沒關係。你夠強壯，你理解這世界在影響你。

但沒關係，等一下，你也會用你的作品，影響世界。

請告訴自己

環境安不安靜，和創作沒有關係，重點是心境。你被世界影響，但因為這影響，你也將用作品影響世界。

換你練習

1 去一個熱鬧的酒吧，讀這本書。

2 去一個喧鬧的市場，讀這本書。

3 去一個吵雜的咖啡館，做出一個作品。

時間是固定的，不要交際應酬

絕對不要答應

千萬不要答應任何交際應酬的邀約，除非你打算不創作了。

意思是，不，意思就是字面上的意思，沒有別種解釋。

你說，可那是工作上的吃飯，那就先談工作，談完再吃飯，然後要吃飯的時候，你就走。

為什麼？

創作多數時候是在做分別的工作，你從混沌世界中抽出一段有意思的部分，用你的方式轉譯它。因此，你勢必得拒絕和稀泥，你必須要有所分別，你是為創作而服務的。

你不該讓自己進行一個多重目的的行為，那對你有害。

你和對方社交有節制，彼此有界線，你們的工作才做得好。那才叫專業。

不要一邊想要對方的錢，一邊陪對方吃飯，那不只會消化不良，也會創作不良。

用你的「創作」去拿對方的錢，不是你的「陪吃飯」。

除非你陪吃飯陪得很專業。但，那樣的話，你也別創作了。

和朋友的聚會，要有選擇

和朋友之間的宴飲，總沒問題了吧？你問。

那當然，但時間就是固定的。

在A上花時間，B就沒有時間了。看你覺得A和B哪個重要。

這當然是選擇題。可是，該怎麼選呢？

別擔心，都不選，也是種選擇；同樣地，都選也是。

重點是，你有在做選擇，你是經過思考的，而不是沒有想過，人家邀你就去。選了，就負起責任，別後悔。

村上春樹的選擇是，晚上不和朋友聚會，因為他晚上八點上床，早上四點起來工作。我常覺得，如果我們的作品想和他的一樣，那至少我們看待創作的態度得先和他一樣。

你最後想看到誰？

也可以都選的。

朋友們都知道，和我要約晚上的話，那就意味著是約我們一家人。

為什麼？很簡單，因為我死前想見到他們。

你也可以這樣做選擇，你最後想見到誰，那你現在活著就把時間留給他們。

若有人是你死都不想見了，那你為什麼活的時候要見呢？

你不只虐待自己，也對你在意的人不公平。

你見的人，決定你的創作

我希望最後我有想見的人，還有作品，而作品很多時候，當然來自我見的人。

那天，我們一家人和導演吳念真、作家胡慧玲、平路、球評曾文誠吃飯聊天，我們聽著吳sir一個又一個故事，如癡如醉。

我心想，聽了那麼多好故事，沒道理我會講不好故事啊！

當然，你此刻一定會抗議，「我又不像你那麼幸運，可以跟吳念真導演吃飯！」

沒錯，你的抗議十分有道理，我們未必有機會結交到偉大的創作者，需要時間創作的吳sir，也沒空陪我們吃飯。

所以，我們該怎麼辦？

你可以選擇把和不知所云的人吃飯的時間，拿來閱讀，拿來和吳念真導演的作品在一起。跟我過去四十年一樣。

讀了那麼多好故事，沒道理你會講不好故事啊！

與其交際應酬，不如花時間和作品交朋友。

請告訴自己

不要把時間拿來陪吃飯，你消化不良，創作也不良；花時間和作品交朋友，看得多，沒道理講不出好故事。

換你練習

1 列出你想做的，我是說，真的想做的。
2 列出你想見的人，我是說，死前。
3 把時間給前兩題的答案。除此之外，都是浪費。

五歲和五十歲

物以類聚

我昨晚和鮮乳坊創辦人龔建嘉（阿嘉）在信義誠品有個新書對談，是關於他的新書《大動物小獸醫》，中間看到時間是晚上八點半多了，我說平常這時候我已經在床上躺好，正在看書準備入眠了。

現場有聽眾驚呼，我說沒有啦，因為我得送女兒上學，又想在女兒起床前寫東西，於是得早睡。村上春樹還不是每天八點上床，四點起床寫作。

牧場裡的每個工作者，一輩子都是如此，因為得五點擠奶，天天都是四點多起床，不論新年端午中秋。

我以前也不是這樣的。但自從有小孩，小孩得上學後，我在上課日的時間分配便整個往前了，因為我想要保有最多跟孩子在一起的時間。
過去我在廣告公司工作，也常被迫看到信義區的日出。
但生活是有選擇的。
沒選擇的，很多時候只是讓別人幫你選。
我們居住在自由的國家，你可以自由地活著，包含自由地決定自己的時間樣態。
決定自己的時間外，奇妙地，就會決定你身旁的朋友。
而決定你身旁的朋友，就會決定你的創作。
簡直奇妙。

新書對談結束返家後，阿嘉傳訊跟我道歉，說害我改變作息很不好意思。
我知道他正在回雲林的最後一班高鐵上，但因為高鐵最後一班不會到雲林，所以他先把車開到台中站，然後得再從台中開車回雲林。隔天一早五點，他還要起床去各個牧場幫忙照看乳牛們，現在是季節性下痢的時候——會噴得一身都是屎。
我回他，「破例就是為了此刻而生。」
我和全身是牛屎的人在一起，牛屎純粹而充滿生命氣息，就跟我女兒一樣。

無聊的寂寞

既然我對自己時間的規則是，讓我可以創作並保有和女兒在一起的時間。於是，我晚上就少了不少邀約。因為有女兒在，不會有人邀約我去不少台灣男人愛去的聲色場所。

有時候我也會看到一些人談到那地方多讚，妹多嫩。我心想，你都有女兒了，那裡的妹再嫩，有你女兒嫩嗎？

這話講起來雖然很奇怪，但我只是想表達，對方沒有睜開眼睛，當你不看，世界當然是黑色的。

當然，也有人說，沒有辦法，因為客戶都要在那種地方談生意（對啦，黑黑暗暗的，數字才算得清楚）。我心中更加質疑，你的專業若是得陪人去酒店，恐怕，取代性很高。

還有，你的客戶若是這種型態的，大概也不是很值得爭取。他們追求的東西在這世上算是滿低階的。

當然，有時候，未必只是因為可以滿足欲望，而是填補寂寞。

那裡的人們服務態度佳，願意甜言蜜語，讓在當代高壓節奏快速的工作者可以轉瞬間得到滿足。這理由當然充分，而且是種心理健康的訴求，讓人幾乎可以買單。只是，我難免會納悶，你有小孩了，你怎麼還會有空寂寞？忙都忙不過來了。

後來我才知道，他們的狀態比較像是家中經濟的供應者，負責賺錢，也只負責賺錢，不跟小孩玩，也不跟家人吃飯聊天。

噢，就是一種工具人吧。

仔細想想，工具人當然要寂寞的，只是那真的是他要的嗎？

無聊的寂寞，只說明一件事，你沒有善待自己。

你無趣，你需要花言巧語，好讓你找回一點尊嚴。那也無可厚非，用經濟成果換取些尊嚴，是很自然的行為。只是，空洞依舊愈填愈大洞。

對方笑愈開，你愈理解自己的黑洞，深闇，反映不出一點東西。

手滑的寂寞

或許，你並不會去那些聲色場所，但你的寂寞讓你夜裡總是不斷地在手機螢幕上滑著。滑呀滑地，眼睛瘦了起來，心依舊是酸酸的。

那種寂寞，是淺層的，是無聊，是無趣。

並不是意識到世界巨大自身渺小，眾聲喧譁裡一人靜，理解心靈再怎麼契合，依舊就是孑然一人而因此得獨立面對生命孤寂的那種寂寞。

那寂寞，純粹是無聊。

無聊的寂寞，只說明一件事，你沒有善待自己。

你無趣，你需要短暫刺激的快感，好讓你找回一點樂趣。

那也無可厚非，用時間換取些樂趣，是很自然的行為。只是，那無趣，填不了空洞，依舊愈填愈大洞。

手愈滑眼愈痠心更酸。酸性體質，有害健康，有害創作。

這很恐怖。簡直是創作者的恐怖片。

受教育的機會

我會想增加和女兒相處的時間，除了好玩外，更直接地說，我是有心機，有意識的。因為，我在補課。那些女兒丟出的話語，比起我，有意義多了。

她昨天說，「把拔，我昨天遇到五棵櫻花，三隻狗，有一隻是柴犬。」

我當下回答哈哈，是噢。心裡其實在翻騰，我自己今天遇到幾棵樹？我完全沒有印象，我視而不見。

一樣在這世界活著，我的感知力竟然如此貧弱。我看不見，我跟前面說的，可以看卻不看，沒有睜開眼於是認為世界是黑的，有什麼兩樣？明知創作來自觀察，我卻這麼毫無所覺地任由一切從我身旁流過，我是一個浪費者，浪費了得到創意的機會。

我平常大量地閱讀，目的就是要設法爭取多一點的人生經驗，因為我無法過其他人的生活，可是，最重要的是，要能夠以現在的身體，以現在的感官，獲取更加敏銳的經驗啊。

我怎麼反而去追尋虛幻的，錯過了真實的呢？慚愧慚愧。

多和純粹的人在一起，你的作品會更純粹。

和複雜的人在一起，你的作品不會因此複雜，只會沒有空。

五歲和五十歲

我前些天在兒童福利聯盟的podcast和綠藤生機的執行長Harris聊起，他五歲的女兒談起責任，說：「把拔，我的責任就是讓地球好好恢復。」

我覺得無比清晰。

有時候我們講永續，好像很遙遠，因為永遠嘛，我們自己又不會永遠活著，因此，對於永遠的事就不在意。

可是孩子不自私，他們直覺。他們直接地點出：我們破壞了，不就該恢復嗎？

我們每天都會唸孩子，玩具玩一地就要收拾乾淨。

那，我們每天造成的破壞，有每天都試著收拾嗎？

還是把爛攤子丟在那，等著讓孩子去收拾？

如果你的孩子這樣丟著就跑去睡覺，你會放過他嗎？

那你為什麼這樣放過自己呢？

不是說什麼「今日事今日畢」嗎？

我真心覺得，也許五歲的智慧，慢慢地消耗，讓我們自己在五十歲變得冥頑。

還好，有個好消息：

我們都曾是五歲，都還有機會，找回那個自己。

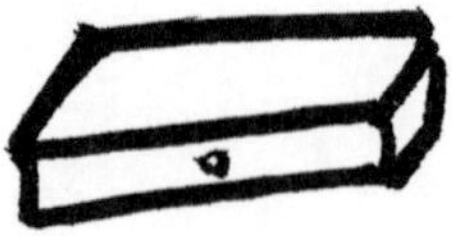

請告訴自己

多和純粹的人在一起，你的作品會更純粹；和複雜的人在一起，你的作品不會因此複雜，只會沒有空。

換你練習

1 你是有意識地滑手機，還是活屍般地滑？

2 你今天發現了什麼事？什麼有趣？

3 如果是五歲的你，會看到今天哪些不同？

減少跟不運動的人在一起

每天都一開始就得分

這篇的題目是今晨天未亮時我想到的。

我覺得一定不是因為我昨天去球評曾文誠家玩的關係，一定不是的；一定不是因為我問他，世界棒球經典賽的後面幾場都是七點的比賽，如果他六點前要到攝影棚，是不是五點就要起床？

他回，可能再早一點，因為要在家裡吃完早餐。我說，那時天不就都還沒亮？他微微笑。這也沒什麼，他平常每天都五點多就在運動的。

我另位尊敬的好友麥可，更是四點就起身，開始老人三項運動，跑步、游泳、腳踏車。

我是剛剛猛然醒覺，身旁我所佩服的好友們都有運動習慣。而且隨著更深入地了解他們，我更清楚感受到運動對他們的重要性。

因此他們會把運動當成priority。既然每天都得做，那何不早點做？麥可說，他每天早起運動，就感覺自己搶先拿下分數。每天一開始，就得分。

排擠效應

我不會勸你要運動，但我會勸你要減少跟不運動的人在一起。因為朋友也是有排擠效應的，你和A在一起，就不會有時間跟B在一起。同樣的，跟有運動的人在一起，你們的話題自然而然都會跟運動有關，你們會聊到運動時的辛苦，也會談到關於受傷的預防，當然更多是因為理解對方在談的付出而被激勵。

你說，那跟沒運動的人還是可以聊運動啊。

那當然，但同樣的還是排擠效應，除非如我妻是超級運動迷，否則你們聊得就不會太深入，可能就僅止於社交程度。你們更是不會相約從事運動。

自己的事

但也不要誤會，我沒有勸你們要一起運動。

多數時候我也都是一個人運動。因為我也曾經失望過，就是一直邀朋友去打籃球，卻聽到一堆理由，並且一次次失望。

後來，我意識到，運動本來就是自己的事，怎麼會因為別人不行就放棄了呢？

於是，我後來從事的多是單人運動，我自己就可以決定什麼時候要做，不必受制於人。相約從事運動是說，你在那邊運動，我在這邊運動，我們有空相約聊聊運動，有時候也可以一起運動。

那是自己的事。跟創作一樣。

書生無縛雞之力？時代已經不同了。

過去說書生無縛雞之力，現在的創作者若還如此，只怕是需要進步的。

所有證據都證明，運動對人好，更是可以幫助創作，刺激大腦，體力好的人，自然血液循環順暢，就可以讓足夠的養分帶到大腦去，更別提許多創作也是需要體力支撐。

現代許多醫生，看他西裝筆挺，但白袍下可都是肌肉，因為他們都很清楚現代醫學早就證明，要保持健康，與其靠藥物不如靠自己。

現在的書生不只有縛雞之力，還都有腹肌。

運動太辛苦

前面開宗明義地講，減少跟不運動的人在一起，其實跟這點有關。什麼意思呢？

我的意思是，知道對自己好的事卻不去做，若有人是如此，光這點就很可疑，就值得你思考是否該跟這樣的人交往。

要嘛這人不夠當代，還不知道這樣的知識，停留在創作者就要晨昏顛倒、耽溺酒精藥物，那也太落後。

要嘛他無法忍受運動的辛苦，那也太軟弱。

無論哪一種朋友，都對創作的你無益，甚至有害。

說運動太辛苦，創作其實也很辛苦。

有人無法忍受辛苦好讓自己更好，你問你爸媽，這樣的朋友值得交往嗎？

沒有時間的朋友

當然，沒有人會承認運動很辛苦，所以不運動的。是嗎？哈哈。

多數人的理由是，沒有時間。講出這理由的人，獲得大部分人點頭表示的理解。
確實，現代生活實在高壓，大家都在苟延殘喘，時間如此奢侈，非常不容易掌控。
那我問你，愈是壓力大，不是愈要運動嗎？
否則，你又要如何排解壓力呢？
你說，追劇、滑手機、打電玩。
我相信，這些都很好，也可以做，但做完後難道不會有空虛感，或者更累的感覺嗎？
或者說，有時間做這些的話，就一定也有時間做運動，只是選擇不做。
那又回到前面的討論，事實上是因為覺得運動太辛苦了，而不是沒有時間。
有人無法忍受辛苦好讓自己更好，你問你爸媽，這樣的朋友值得交往嗎？
（我知道重複了，我就是要重複問，你知道重複有加強的語意吧？）

當然，還是有許多人是真的完全沒有時間，我非常理解。
而這樣的人通常真的很辛苦，往往是為了照顧一家大小，從早忙到晚，光家事就做不完，
而且狀況層出不窮，永遠都在想辦法處理。
我覺得，可能也要減少跟這樣的朋友在一起。

因為他真的沒有時間跟你在一起呀，你就別耽誤對方了。

每個人都有自己的苦衷，有些不為人知，有些不足為外人道。

你問他怎麼不運動，他問你怎麼有空運動？那真的是因為每個人的重擔不一樣。

你的重擔是創作，你跟他不一樣。

無法運動？

我參與許多公益團體的活動，我當然清楚有些人不適合運動，但就算生理有殘疾，其實還是可以有適合的運動。這樣說好了，盲人都可以打棒球，並且有盲人棒球賽，意味著很多限制也是想像。

我們常說創作者不要讓自己的想像被限制了，但假使身體有缺憾的人都能尋求可能的運動，那會不會我們平常認知的限制也只是種想像呢？

我認為的運動未必是要每天跑十公里，每天游一公里，但你可以每天花半小時，讓自己參與一項運動，也許重訓，也許拳擊，也許跳繩，也許皮拉提斯，也許拉單槓，也許深蹲，也許走步道，也許散步，也許跟著YouTube上的影片律動，也許追劇時進行超慢跑……

任何事都沒關係，只要那件事是跟身體活動有關，不是你平常的工作，不是你一天會做上八小時好換取收入的那件事。

你就在讓自己的時間被分別出來，你就在重新掌控你自己的時間，你就在對抗你的惰性，你就不被世界所擺布。

只要是不願被擺布的朋友，就是創作者該親近的人。

不被擺布，就是創作

真正的核心是，創作就是要能夠擺脫被擺布。

而這件事，在每天的運動上都體現著。

你很累，你不想繼續，但你卻能夠繼續，這就是創作。

全世界都叫你不需要做，但你覺得你要做，於是你就繼續做了，表示你是自己的主人，這就是創作。

運動讓人每天練習創作。

運動是強化創作能力的大筆資金挹注，是天使基金。

一個每天運動的朋友，就是每天都在創作上被豐厚資源大力強化，有著完美鉅額資金來源，有豐沛強大的力量，這種朋友，你不靠近吸取點能量嗎？採陰補陽，沾光都很好，月亮也是反射太陽的光啊，你至少當個月亮啊。

不然，我要代替月亮懲罰你（算了，我其實沒空）。

不被世界擺布，才叫創作。

不然只是做做，甚至做作。

減少跟不運動的人在一起

一開頭就說，減少跟不運動的人在一起，這邊我要回到最最重要的問題了：請問，你最常在一起的人是誰呢？仔細想一下喔。

想好了嗎？想出來了嗎？

應該是你自己吧。

那說要減少跟不運動的人在一起，如果你自己不運動呢？那怎麼辦？

要如何減少跟不運動的人在一起呢？

那你就運動啊，哈哈哈。

做為創作者，我要嚴肅地說一句：
運動對你的創作絕對有益。
如果你已經是優秀的創作者，那很棒，當你運動，你會更棒。
如果你還不是優秀的創作者，沒關係，當你運動，你會更棒。
面對困境，你會自然地變得更自在，因為每天的運動都是困境啊，我的朋友。
（你運動，你就是我的朋友，你運動又創作，你就是我的好朋友。）

請告訴自己

運動是讓自己的時間被分別出來，重新掌控自己的時間，不被世界擺布。你是自己的主人，這就是創作。

換你練習

1 你今天運動了嗎？

2 你今天為什麼不運動？是我上面講的哪個原因呢？

3 你明天要怎麼運動？後天要怎麼運動？大後天要怎麼運動？

3

身為創作者，你需要的是

輸入和喘息，
以及經常性抵抗拖延症

愉快地裝東西進去吧

人啊，頂多只能拿出他裝進去的東西而已

那天讀到令我佩服的好友，分享他從日本帶回的毛巾，上頭分別以英文、日文印製寫著，「人啊，頂多只能拿出他裝進去的東西而已」，我非常有感受。

我不相信有瓶頸，但相信有腸枯思竭。

一般認為的瓶頸，是想不出東西，但你其實不是想不出東西，你一定想得出東西，你只是懶得想，或者，想出來的東西沒有達到你的標準而已。這樣有比較安慰到你嗎？（笑）

那腸枯思竭呢？不是一樣嗎？對啊，想不出東西，這似乎很像。

但腸枯思竭時，腸子枯了，就趕快裝點東西進去啊，腸子就不枯了，思想就不乾竭了。不

是嗎？（國文老師：當然不是這個意思，你少在那邊胡說八道啊）

其實，我反而覺得腸枯思竭是種好的概念，可以清楚感受到自己的不足，可以明確地意識到自己是缺乏的，才會主動尋求，才會刻意學習。

人啊，頂多只能拿出他裝進去的東西而已。

以往讀書只為了考試的錯誤觀念，出了學校後，因為不再需要考試，就覺得也不需要再讀書了。而這誤了許多當代的創作者，實在可惜。一直覺得自己有東西，於是一直拿出來，卻從不補充，就算再怎麼有天分，總有空了的一天，那就是掏空公司資產啊。

人啊，頂多只能拿出他裝進去的東西而已。

缺少了啟發，也許，我們的時代原本可以獲得更多作品的。

你拿不出東西來，其實，只要意識到你裡面是空的就好，就去尋求你想放進去的東西呀。

你拿不出東西，就是裡面已經沒東西了，於是善加補充，有出有進，這就是體內循環啊。

比起自滿，這不是件好事嗎？

與其不斷拿出東西，但其實是空洞的，人們看得清楚，你自己看不清楚，捧出來的東西空空如也，毫無內容，那不如還是腸枯思竭好了。

再說一次，發現自己拿不出東西來時，不要慌張，你只要裝東西進去就好了。

你只要去裝東西就好。

不求甚解

《萬葉集》是日本的詩歌集，數百年來影響許多創作者。我常在小說裡讀到，但在台灣還沒真的讀過這本書。在近期有了翻譯譯本，好開心，我馬上興奮地買來。

一般認為《萬葉集》是西元七五九年編集完成的，有四千五百多首，總共二十卷。書名由來也有各種說法，但「萬」當然意指多，「葉」則可能跟言葉有關，也就是語言言詞。換句話說，「萬葉集」就是豐富多樣的詩文集。裡頭有不少是情歌，談到思念，也有談論人生的況味的，非常明亮、祥和。它相對來說，是非常質樸的，沒有太多超乎現實想像的。在世界文學地圖上，也有它重要的位置。

朋友和我說，他也很心動想買，但又擔心看不懂，於是就卻步了。

我覺得可以理解，但又有點在意。想了兩天，試著用笨笨的方式分享我的想法。

確實，我在讀的時候，也不敢說自己很懂，但這絕對不妨礙我們去親近它。

因為每一首詩文都有它獨到的氣息，有些我們比較理解，有些則是懵懵懂懂，但更多時候，是讓自己在一種「試著想去理解」的狀態。

我覺得，那狀態很好。那是一種保持虛懷的姿態啊，那是讓自己敏銳的姿態，可以更加具備好奇心，可以更加有觸類旁通的機會，讓自己的神經觸突有自主運作的機會。

不求甚解，在過去讀書考試時，是帶貶義的說法，可是，我倒覺得，對於創作的學習，不求甚解，也許還不賴。

至少，它讓你在面對學習時，可以較沒有壓力，可以更加抱持開放的心態。

沒關係啦，有時候，不求甚解也很OK的啊。（笑）

隨意地裝東西進去吧

我剛剛又想到一個不三不四的說法：看到明星時，我們都會主動地去親近，那為什麼我們看到書時就會想較多呢？

難道我們會想說，啊呀，我靠近這位明星，可是我又無法完全學會他的東西，這樣還是不要靠近好了。哈哈哈。不會吧？那為什麼我們對書，就會有比較高的標準呢？

會不會是以前考試的遺毒？擔心沒有辦法完全看懂，無法考一百分，於是乾脆就不要碰了？那會不會是另一種失敗主義？因為覺得無法完全成功，就乾脆不嘗試。當然，有問題的是這種想法，而不是我們，只是，總覺得這樣對我們自己的人生，有點可惜。也有朋友會說，我們靠近明星又不需要花錢，買書要花錢，看不懂就是浪費錢。那我就要問，你曾經買票去看明星的演唱會嗎？難道你去看那演唱會後，就會唱歌手的每一首歌，就會唱得跟他一樣好嗎？

我們都知道，不是的。你是去享受那場演唱會；同樣的，你也可以享受這本書。我也可以想像，有朋友會說，「哼所以我才不浪費錢去看什麼演唱會呢。」

噢，對啦，你可能沒有浪費錢，但你浪費你的人生啊。

同樣是人，有的人願意花費資源並接觸美的事物，讓自己更快樂，讓自己更完整，他的人生更豐富。在一輩子走完之後，你們的人生經驗勢必不一樣。

你享受在那段時間的感受，你讓那個時間變成記憶，留在你的生命裡。你喜愛當下那種氣氛，你喜愛那位歌手在演唱會現場的表演，那是美好的經驗，那讓你不一樣了。

詩集是這樣的東西，小說也是。欣賞畫作、戲劇、音樂會、相聲、舞蹈、手工藝……都是一樣的，你也不該只用金錢多少來衡量。你花了時間，重點是你花了時間，你是不是有在裝東西，你是不是有所感受。

你在那段時間裡，讓自己變得更好，理解什麼是美，感受到美帶來的心靈滿足，意識到自己活著的力量。

當你靠近，你就在裝東西進去了。就算你還不敢百分之百地跟大家說你很懂那個東西。

噢對了，我開車，我還做過許多車的廣告，但其實，我不覺得自己真的很懂車，我猜很多男生說他很懂車，請問你有能力徒手打造一個引擎嗎？你所謂的很懂，會不會也只是看很多資料的很懂而已，哈哈，其實跟我二十年來讀由車廠提供的專業資料也差不多嘛。

但沒關係，這並不妨礙我，它可以帶我去我想去的地方。

人生就在不懂裡，慢慢懂了。

懂的可能不是哪件事，而是人生。

你也可以說，我才不用去接觸你講的那些藝術事物，我現在就活得很好了。

對，但你本來可以活得更好的呀。然後，可以再讀回第一段，你或許跟我以前一樣，也是自以為很有東西的人。哈哈哈，不好意思。

我們在接觸時力求深入，希望可以探究得更多，但有時，未必需要尋求完全的透徹。我們追求的是在裝填進我們的囊袋時，那些感受改變了我們的思想，甚至進而影響我們觀看世界的角度——那終究會幫助我們之後的創作。

那可以是隨意但有意識的。那可以不具有特定目的地，但依然有奇妙的深遠影響。

那天我到曾公家，和幾位媒體記者聊天，聊了八小時，從體育到政治，從職場到垃圾場，從追劇到觀光，從表意權到性別平權，從政治家到小學生……各種各異的話題議題，我聽得如癡如醉，只要是我沒有接觸過的，我都充滿興趣，因為都是創作的源頭啊。

你怎麼能保證我哪天不為這一席話而被啟發創作呢？

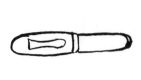

帶著愉快開放的心情，裝東西進去吧。

創作者更要勤於裝東西，因為你要比別人更常拿出東西來呀。

但說真的，我不認為有誰不該是創作者。

一天的生活就該是你的作品，只是你有沒有意識而已。

同樣是人，有的人的生命就比較有看頭。

你也可以。

請告訴自己

你拿不出東西，只要意識到裡面是空的就好，尋求想放進去的東西呀。有出有進，這就是體內循環。

換你練習

1 你最近都在裝些什麼啊？不是假裝的裝喔。
2 你遇到不熟悉事物的反應是如何？
3 今天試一個你平常不會學的東西吧！

沒有比讀詩更划算的事了

我愛讀詩

谷川俊太郎的詩那麼易懂，我每天都要翻上兩遍。
布考斯基的詩罵人那麼爽，幾乎可以把我的虛偽給撕掉。
辛波絲卡的詩連廣告都能談，甚至連戰爭都跨數十年談，不看對不起自己。
普拉絲的詩都是死亡和死亡的公司夥伴，創作的你怎麼可以錯過？
宮澤賢治的詩把森林星星都帶到你面前，那麼有效率地把童趣還給你。
夏宇的詩總是充滿創意比科學家還想要做實驗，你一定會在實驗室爆炸前感受到心意。

創作者理該讀詩，因為我們都在追求讓自己的作品充滿詩意，嘴裡這樣講，但你要是連詩都不讀，卻在跟人溝通時用「詩意」這詞，會不會有點詐騙嫌疑啊哈哈哈。

詩，真的沒那麼嚴肅啦，真的也沒那麼難懂。

跟你的作品一樣。

別人都不讀詩了

或許，你會抱怨，別人都不讀詩的，我幹嘛要讀。

對啊，這世界上多數人還都不創作呢，那你幹嘛要創作。

很多事要看別人怎麼做，但也很多事是不必看別人怎麼做，更多重要的事是看你自己想怎麼做。

怎麼好，怎麼做。

當別人都不讀詩了，那你讀詩你會不會就是賺到啦？

你會好一點的，光是讀詩就可以。

聽來彷彿郎中，但真切無比。

在黑暗中只用手組裝飛機

我常覺得創作有點像在黑暗裡組裝飛機，而且你要搭著它飛到天上去，最妙的是，你的設計圖被弄丟了。

我說你的設計圖被弄丟了，而不說你沒有設計圖，為什麼呢？

因為你不是沒有設計圖，你有粗略的想像，你可能以前做過飛機，但這架是不一樣的飛機。你有個可能的想像，但你得摸索，你得揣摩，你得做一步再想下一步；有時發現不太對，得再退回三步前。

有一點挫敗，有一點不安心，還有，你在黑暗中，你看不見，你看不到全貌。

這就是創作。

跟什麼很像？我覺得是讀詩。

在面對這首詩時，並不知道這首詩要跟你談什麼。而詩的結構，更是精緻萬分，你可能讀第一行時揣想著，在第二行時被翻轉（以為眼前的狗是他要說的，結果狗是拿來比喻此刻的心情）。你可以快速地感受到那個大的流變和逆轉，因而獲得啟發。能夠在日常生活裡不斷練習創作的感覺，你會更有手感，你會在面對未知時減少恐懼，你會更習慣沒有猜對時的挫折並且願意繼續猜。

這樣子說來，讀詩，不是一種自主訓練嗎？不是一種有效投資嗎？

當代清潔速效錠

一秒到花草的銀粉絕美，下一秒到宇宙銀河的深處，再下一秒到銀行的櫃檯。詩就是可以這麼跳躍，卻又貼近真實大腦，是最知性的運動。

我常覺得可以刺激別人是種慷慨。

而詩人是世上最最大方的人。

做為創作者，難免困頓，難免會覺得步履蹣跚，難免會覺得自己腦筋打結，手腳冰冷無力，難免覺得自己快壞掉了。

你能夠在短時間內被 refresh，整個人煥然一新，簡直就像插上機器，幫全身換血，濾去雜質，把那些髒汙笨拙遲緩快速地掏洗掉。

你從讀詩的那一刻，成為新造的人。

當然，你也會讀到一些做作的詩，這時可以提醒自己，創作不要這樣子，誠實一點好。當然，你也會讀到一些艱澀難懂的詩，那完全沒有關係的，不要緊張，你們的時間還沒到而已，但這完全不妨礙此刻你們相遇，真的。

我就有經過二十年後才理解艾蜜莉・狄金生的經驗，因為彼時年輕的我對植物沒興趣，而現在因為女兒我開始看得見植物，可是若以前我沒讀過艾蜜莉，我猜我現在不會對植物寄予厚望，並在二十年後收成。

沒有比讀詩更划算的事了。

騎呀騎
騎呀騎
我愛車車
我愛，車車。

這是我女兒三歲時第一次拿到滑步車，自然地在口中哼唱，隨著車子滑行，笑容和字句流出，飄散在半空，不曾逝去，儘管時間都過五年了。

創作應該這樣，這樣就好。

請告訴自己

短時間內煥然一新，全身換血，濾去雜質，把那些髒汙笨拙遲緩快速地掏洗掉——從讀詩的那一刻你就成為新造的人了。

換你練習

1 我就不問你喜歡哪位詩人了？我問你今天幾點要去買詩集？
2 今天就開始讀詩，寫下你的感受。
3 你每天都讀詩，寫下你的創作的改變，然後因為感激而匯款到我的戶頭（開玩笑的，不要好了。除非有上億元）。

盡量讓自己待在深水區

深水區

游泳的人可能會到專業泳池去。在某些專業場館會設置深水區，原本是給跳水用的，但平常沒有進行跳水活動時，也開放給游泳的人。

只是，水深從二．六公尺到五公尺深，為了安全，要到深水區游泳必須要先經過測試，三十分鐘內完成一千公尺，並且可以立泳三十秒。

我想，對於有游泳習慣的人，可能覺得這要求並不難，我游自由式，大約二十多分鐘可以完成。

但有另一個東西，或許是之前沒有想過的。深度。

深度的恐懼

因為基本上，在深水區大概沒有人的腳搆得到地，畢竟，最淺的地方都有二・六公尺，要是搆得到地，大概會是台灣最高的人了。

於是產生了一個奇妙的東西，恐懼。

你游泳時總會往下望的，但看到深不見底，心裡會感到害怕，一些過去沒有的感覺，會從背上傳來，癢癢的，怪怪的。聯想到以前嗆水的經驗，想起那時的手足無措，從水底往上看，泡泡之間，由上而下透出的亮光，想起鼻子的不舒服，直衝腦部的難受。那感覺十分不好過，甚至會刻畫在大腦的深層長達幾十年。

或許，因為那是人類的自我保護機制，以肺部呼吸氧氣的我們，在水中直接吸收氧氣不是我們的強項，一弄不好，會造成個體死亡。因此，那不舒服感，格外強烈。

於是，從視覺上帶來的深度，在腦中變成了深度的恐懼。

你難免會覺得自己有點伸展不開，有點不確定，甚至有些卻步。

雖然「步」這字眼用得有點奇怪，在水裡，我們不是用走的，但你每一步，都會覺得有種緊繃感。

對於深度的恐懼確實存在，並且纏上了你。

跟創作一樣，深度確實會帶來恐懼。

創作的深度

那就不要去深水區吧。這是多數人的選擇。或許，這也是生物自我保衛的機制，讓身體停留在腳搆得到底的地方。

噢，創作就像游泳一樣，確實會有風險的。

有的人不游泳，有的人連創作都不創作的。

如果要追求安全，也許，根本就不要創作。只是，你就少了自由悠游的樂趣，少了自我挑戰的成就感，少了擺脫重力漂浮的解脫感。

回到深水區。為什麼會去深水區呢？

許多人是因為淺水區很多人，很擠，實在不好游。

簡直跟創作一樣。較沒有深度的創作，總是擠滿人，總是有許多作品，有些你也知道，品質不佳，你也會不想自己產出那樣不夠有深度的作品。當然，因為那巨大的數量，你的作品或許在其中也會不起眼，也會被淹沒在龐大的數量裡。

還有，深水區的浮力強，游起來速度快。如果你去游過就會知道，就會感受那由下而上的浮力，感到自己似乎游得更棒，更自在，游得更快了。

從創作者的角度來看，創作總是不自主地會往深度移動。一來你愈來愈純熟了，你會想勇於挑戰更進一步的區域，對人性更深刻的描繪，對世界更深入的探索，那都符合我們對於好作品的定義。但，那就是深水區，那就是深度的挑戰。

畢竟，我們都要創作了，總是會希望這作品可以停留在世界裡久一些，最好，活得比我們久，而要在廣大的時間洪流裡能夠成為中流砥柱，不致被沖走，深度常常是決定性的因素。深度決定經典。

泡在深水區

想要創作出有深度的經典，只是，要如何克服深度的恐懼呢？

我沒有答案，只有嘗試。我的想法，跟游泳一樣。

游日月潭，下水時發現潭水深不見底，心裡開始害怕。這時抬頭換氣，看向遠方，看向怎麼樣也看不到終點的方向，身體開始熱了起來，接著告訴自己，目標是前方，不是下方，看著目標前行吧。

儘管，每次換氣後頭還是會放入水中，還是會看到深不可測的水底，恐懼還是會回來，但我可以告訴自己，我還是會把頭抬起，還是會重見光明，還是可以看到我要去的地方。於是在恐懼來時，我等待，等待下一次的換氣，下一次的抬頭。

我習慣每隔一段時間就讀經典作品，看經典電影，聽五十年以前的音樂。他們就是我們想要抵達的遠方。

我最近重讀完川端康成的《伊豆的舞孃》，三島由紀夫的《金閣寺》，讀馬克・吐溫的短篇精選集，讀馬奎斯的《百年孤寂》，我讀布考斯基的詩集，讀約翰・齊佛的《游泳者》；看了奧森・威爾斯的電影《大國民》，看了亞倫・雷奈的《去年在馬倫巴》；我聽巴哈，聽邁爾士・戴維斯，聽齊柏林飛船。

我讀當代的作品，也會提醒自己要回頭看經典。雖然這些作品未必在現代的臉書IG上有多少聲量，可是，它們就是經過時間洪流的淘洗，穩固地在人類歷史上存留著。

它們活得比你長，它們就是深水區。

看完再創作。

你再怎麼東施效顰，也還在美的範圍裡，你還是在深水區裡，雖然泳姿拙劣，但一定比你原來的姿態好；你再慢，都有那深水區的浮力幫助。

看來恐懼深不可測的深水，未必只能讓你滅頂，同樣的也會支持你，支持你更好、更沒有阻礙地前進。滅頂或許是深層的恐懼，但你要比它更長時間地浸漬著，把自己泡在深水區裡，不要再起身走回淺水區去。

你習慣了深水，就戰勝恐懼。

你習慣了深度的作品，原本再膚淺的你，都會吐出象牙。

你已經在創作了，不要浪費自己的時間，要游就好好游。

村上春樹說因為當代網路社群上的作品普遍品質不佳，所以他就盡量少看。他是當代勇於擁抱科技的作家，熟悉各種社群，他看文章的選擇，純粹只是因為品質好壞，而不是使用的媒體。

另外，也別誤會，經典不是冷門，經典都是當初的暢銷作品，時代中具有影響力的作品。深度不是冷門，它是更加理解人性，於是，影響的不只是當初創作者的那一代人，而是好幾代人，好幾億顆心靈。

盡量讓自己待在深水區。

請告訴自己

每隔一陣子重新讀經典作品，經過時間淘洗，穩固在人類歷史上存留，就是創作者想要抵達的遠方。

換你練習

1 你最近閱讀的經典作品是什麼？
2 你對自己作品放在深水區感到期待嗎？
3 你如何規律地泡在深水區？

記下那些美好。之後創出美好

「我到底看了什麼？」

不是為了交作業給老師，是為了對自己有個交代。

大家應該都很厭惡過去被迫要每天寫功課的日子，說不定我們多少都因此有些創傷，這也導致我們在面對今天眼前的生活時，都捨棄了許多事情。

因為讀書是為了考試，所以不必考試，就再也不讀書了。

因為書寫只是為了交作業，所以沒有作業，就也完全不問自己剛剛到底看了什麼。

「我到底看了什麼？」比較常用在社群媒體上，但不是真正的一個提問，比較像是一種負面的嘲諷，指的是沒有看到任何有意義的東西。

事實上，這其實是個好問題，永遠都該問自己的問題。

跟朋友的分享

你這一週花了幾天的時間看完一本小說，你還滿喜歡的。

然後呢？也許，你會跟朋友聊起，但我也知道很多人會感到害羞，或者，以現在而言，會覺得跟朋友講自己在讀書，有一種幽微的不好意思。

那個羞恥感來自現代人們缺乏閱讀的習慣。

於是，當你說你讀了一本書時，莫名地從對方臉上的表情，覺得彷彿是自己在炫耀自己的優越。

於是，你愈說愈小聲，甚至，選擇閉口不提了。

那當然很幽微。沒有人會直指出來的。

你覺得這本書很有意思，可是沒有太多機會跟人們分享它多有意思。人們似乎從眼睛和嘴角的細微變化中，隱隱挑戰，那句沒出口但其實聲量驚人的話語。

「所以，你有在讀書啊？」從對方臉上表情出現，滿滿地占據了你的視網膜。

於是，你縮減再縮減，變成：「那個……下村敦史的《默過》很好看。」句號。

久而久之，你不太分享，你也不太會分享了。看完就看完了。

那其實有點可惜啊。因為分享是需要沉澱，是需要思考的。你缺乏了思考，這作品帶給你的好處就少了。同樣的狀況，也會發生在舞台劇、音樂、舞蹈、電影。

或許影劇會好一點。但你知道的，當你說得稍稍多時，難免會有一種擔憂，擔心別人覺得你在炫耀，好像你很了不起。臉皮薄的，受不了。

怎麼辦呢？我建議你，寫下來。

因為，你本來就會寫字。這是最輕鬆有效率的整理方式。

你可以在欣賞完一個作品後的五分鐘，也可以是那天晚上，或者睡一覺起來後的隔天。也可以因為忙一些，放到兩天後，但三天後不建議，更盡可能不要拖過一週。

你可以好好地把它記錄下來，用你的說法，用你想要推薦給另一個人的方式，也可以用最白描的技法講述自己的感動之處。

當然，也可以學院一點，分析作品的文學性，看到結構上的對應巧思，和人們或許第一眼未必領略到的隱喻。

都可以。但要做。

本子和筆

我都用寫的。不然鋼筆要哪時候用。哈哈哈。

大家現在平常工作都用電腦，習慣快速打字，但我覺得在做這種需要大腦和心的事時，不妨用回本子跟筆。

因為你可以在手指握筆時思考，多一點身體的參與，有助於回溯之前的感動，而且，用筆你也可以畫畫，把讓你感動的畫面畫下來；也可以塗鴉，幫助自己整理思緒。用筆的時候，用心。

總之，讓自己跟平常的習慣不太一樣，因為這個時刻不太一樣。

我覺得幫助很大。因為是新鮮的經驗，是精心企畫的感覺，跟你去欣賞作品一樣，都是刻意為之，都是一種儀式。

最美好的，不只是寫下、記下而已，而是你正在刻畫自己的記憶。就如同唱片的唱盤，以針細細地畫下痕跡。你正內化那作品，你在變身。那讓一切都不同了。

當然，你也可以選擇，之後把它拍照，分享到社群。

再怎樣，絕對比你僅僅說「某某不錯」，來得精采，來得美麗。

專業的角度

我遇過一位大師說，作品最精采的地方在最後。

而欣賞作品最享受的，更是在之後。

我自己的感覺也是如此。很多時候，看的當下，就是在享受，享受此刻的浪漫未知，享受下一刻的突如其來；更多時候，你得在看完之後，在心裡再看一遍，好讓自己稍稍從更高的角度觀看，從創作者的位置欣賞布局，理解其中的用心。

這對你絕對有好處，不管你是從事哪一種創作。

你可以自在隨興，光只是記述下你感動的點；你也可以更進一步，深入探究創作的核心，也許還可以試著挖掘在當下的時代背景裡，這樣的創作文本是想要回應怎樣的議題？追求什麼樣的藝術成就？

你可以多問自己一點，你是做為一個一般觀眾，還是做為一個創作者。

我看ＮＢＡ，和史蒂芬．柯瑞看ＮＢＡ一定不一樣。一定有專業的角度，那就決定了你們身分的不同。做為一個創作者，可不可以也請問自己，那個不同在哪？

差在哪裡，就有差，就不差了

看世界棒球經典賽時，我也充分感受到同一場比賽，在不同球評講解下的差異。那差異十分巨大，而且，大得驚人。有的球評只是講出場上正在發生的事，正在看著畫面的我們，心想，那不是跟我和同學在高中教室後面看比賽轉播時講垃圾話一樣？我們也看到打者上壘了呀，但打者是如何上壘的呢？

然而，球評曾文誠先生就會告訴你，他是因為投手投了四壞球被保送上壘，但關鍵不是那第四顆壞球，而是前面兩顆。因為打者有意識地選球，在前面忍住沒有出棒，精準的選球功力，選到了兩個壞球，才會有第三顆、第四顆壞球，最後才有保送。

那麼打者是怎麼看出來的呢？是因為投手今天狀況不穩，投不進好球帶？壘上有人的緊張氣氛，讓投手不敢把球投進好球避免失分？

還是捕手的配球偏好，習慣把球數拉長，好引誘打者出棒打壞球？又或是打者意識到主審今天的好球帶很窄，與其努力揮棒，不如讓主審的判定幫助自己上壘？

這些都有可能。可是一個好的球評應該可以看到這個play表象以外的故事，不是外表上的狀態而已。

意識到差在哪裡，就有差。就不差了。

你可以只是描述劇情，也可以更進一步地去分析，為什麼主角要在那個時間點遇到反派角色？為什麼那個反派角色的勢力強度大到幾乎要壓過全世界，是要凸顯主角面對強權的勇氣可嘉嗎？是一種青春年少對體制的叛逆，還是一種恆久來自內心的強壯毅力？這又會讓這故事最後要帶給觀眾的概念有什麼差別呢？

你可以盡量追問，也可以淺嘗輒止，都沒關係。

重點是，你有意識地思考，於是延長了這個作品的賞味期限。

在落幕後，在曲終人散時。

最棒的是，你讓自己的創作細胞，添加了養分，以一種直接輸液、醍醐灌頂的醒腦方式，直接吸收，並且經過轉化，變成你需要的營養素。

可能當中有些成了鈣質，強健你的思考骨架；有些成了醣，讓你立刻添增創意燃料；當然也有些成了蛋白質，讓你長出更大塊的肌肉，未來有更多出力強度的創作。

找出一本筆記本，拿出一枝筆……

記住那些美好。之後創出美好。

請告訴自己

你可以盡量追問，也可淺嘗輒止，重點是有意識思考，添加自己創作細胞的養分，未來有更多創作出力強度。

換你練習

1 你最近欣賞了哪些作品？

2 你記得了些什麼？

3 找出一本筆記本，拿出一枝筆，開始你的記憶之旅。

好好拉開，好好伸展

解脫感

我很享受跑步，尤其是享受跑步後。不，應該說，我完全是為了跑步完的那個解脫感而去跑步的。

尤其是你每一步都很艱辛，每一步都想停下來，然後不斷鼓勵自己，再跑一步就好，再一步就好……很喘很喘卻又跟自己說，還好啦，只是有點喘，但可以繼續喘下去。終於，可以停下來了，終於，可以不喘了，那一刻，真的好解脫。

我會迎著夕陽，慢慢踅到書店去，開心地買上幾本書，愉快地拍拍自己的肩膀，說，你做得不錯。然後走回家，洗澡，吃飯。那是我一天裡最快樂的時光。沒有人打擾。沒有惱人的客戶，沒有焦慮的壓力，沒有可厭的人，沒有垃圾發表垃圾的言論。

你發現我漏了什麼嗎？

漏了那個重要的事

前職棒總教練曾智偵有次跟我分享，他晚上會在嘉義的體育場教大家運動，包含體適能、核心肌力。他觀察許多人練長跑，練完就很累很高興，就回家了。

我心想，很高興就回家了，有什麼問題嗎？

他接著說，「後來，後來就受傷了。」因為運動完沒有拉筋，肌肉過度緊繃，沒有放鬆的機會，長期下來就增加了受傷的可能。而許多人一受傷，就只好暫停運動。然後，可能就再也不運動了。所以，他最在意是教大家運動後的放鬆拉筋。

曾智偵總教練繼續說，運動後要跟熱身一樣，進行cool down的緩和活動好收操。把緊繃的肌肉拉開，除了讓乳酸可以有較好的舒緩機會，減少堆積的可能，也避免肌肉群過度緊繃，造成再下一次出力時嚴重受傷。

從此之後，我都會在運動後，拉完筋，再去書店。

創作上的拉筋

我每天都運動。運動讓我強壯，好面對創作的費勁。

希望你也有運動的習慣，那只會讓你成為更好的創作者，不會更差。

但是，運動後，你拉筋嗎？

創作後，你拉筋嗎？

你一定覺得莫名其妙。到底在說什麼，什麼創作後的拉筋？

創作絕對也是高度緊繃的活動，你完全認真在意，完全投入，就算是再怎麼即興的創作，都得把你的心神放入。

我的意思是，運動前，我們都會熱身。因為要讓運動表現更好，要讓筋骨都拉開，要讓肌肉熱起來，好讓我們有更好的成績。

可是我們普遍會忘了運動後也要有冷靜的機會；讓身心安頓，cool down的機會。

至少，把那些曾經用力的自己，收拾起來。

我也不太知道怎麼做才好。但我的方式，是跟拉筋一樣，去伸展。

去伸展

很多人覺得創作要專心，要專注，不要分心。我當然認同。但我倒是覺得除了在創作當下專注外，還可以在剩餘的時間裡，盡量伸展，讓自己的肌肉可以延伸。

手指往前，再往前。

雙腿拉開，再拉開。

我想到讓創作的肌肉伸展是，更多地參與世界。

我們的創作能力未必只能在習慣的領域裡，可以加入我們關心的議題，甚至是完全不熟悉的議題。當然，一開始，可以是你喜愛的、每天會接觸的事物。

比方說，我就參與了南崁小書店的地方走讀活動，幫忙拍了支片，請好友四分衛的阿山一起來。過程裡的「運動」強度不會太過激烈，但仍會在一些些不熟悉裡獲得養分，完成後小小的成就感，更讓精神有種安定感。

我喜歡書店，所以書店的事就是我的事。但我不是專業的書店經營者，我只是個讀者。儘管如此，讀者可以參與更多，如果你希望你生活的區域更好。

讓肌肉緩緩地伸展，伸展到更遠的地方，而不是平日慣常快速收縮的地方。

避免過分地用力造成了另一種限縮，另一種局促。

我喜歡健康的美食。所以，我會邀好友去內湖的 TiMAMA 餐廳吃飯。然後，有機會，我也會自己寫幾個字，介紹我吃了心裡受安慰的菜，像香草戰斧豬排，像烏魚子煙花女義大利麵，像虱目魚肚海鮮燉飯……

我很寫意，因為沒有委託的壓力，可是又很投入，因為自己喜歡。

感覺就像運動後的拉筋，你的嘴巴會發出「啊～」的聲音，然後維持那個姿勢，讓肌肉伸展開來。

手指往前，再往前，再往前。

雙腿拉開，再拉開。

你也可以。更遠一點點，到自己平常更加不熟悉的領域，就像把肌肉拉得再開一點點。

後來，我參與兒童福利的案子，參與未來設計思考的活動，參與一些地方創生，參與一些失智症、台灣癌症基金會的活動。我都會在參與的同時，感受到被需要，被滋養，被擴充。

當然，跟運動後的拉筋伸展一樣，不會也不應該占據你太多時間，但卻會延展你創作的肌肉；跟肌肉一樣，不是放在那邊不動，就能休息到。

你需要——

拉開，伸展。

請告訴自己

關心的、完全不熟悉的議題，都在創作之餘盡量參與吧。感受到被擴充，像運動後拉筋伸展，延展你創作的肌肉。

換你練習

1 你最近有拉筋嗎？
2 你拉筋的方式是什麼？
3 你覺得你還可以在哪裡延展呢？

長照工作的喘息

長期且艱辛

那天我聽「轉角國際」的podcast節目「扭曲國際」，他們在探討一個老是在他們的專欄下留言的色情連結，他們非常認真地另外找一台電腦，並且把留言中的連結丟進網站搜尋，好確認裡頭有沒有什麼病毒。

他們以一種做新聞的探究態度仔細踏查，我一邊聽一邊笑地開著車，深深感到佩服。後面牽扯到許多網路生態的探究，包含釣魚網站、詐騙等等，總之他們著實研究了好一陣子。

中間，編輯七號提到語言，他說有個說法他感到奇怪，「享受長期且艱辛」。

他一直不理解，直到後來，才想出來。

我也想了一下。你要不要也猜猜。很無聊，我保證。哈哈哈。

我有猜到：long and hard。長期且艱辛。

我覺得，創作也是long and hard。

如果只需要短期投入的，基本上，可能不算是創作，只是隨意而做。

我的理解是，因為是又長期又艱辛的，你勢必要有所為，有所不為。

小型逃脫計畫

熟悉我的朋友，應該知道我很擅長制定並執行小型逃脫計畫。

譬如某天早上和幾位朋友在線上聊了兩個小時，讀完報紙後，約妻去慈聖宮前吃午餐，再去大稻埕的郭怡美書店，然後在三點半前去學校接女兒。這是我昨天想到的小型逃脫計畫。

看了今天沒有會議安排，拜託妻與我同行。

時間很短，很緊湊，但我立志要好好達成。

滷肉飯

在慈聖宮前廣場的江家原汁排骨湯排隊，排了快二十分鐘，聽著身後的兩位上班族談公司主管的難相處，還有聽到鄉野奇譚。

故事大致是有次A小姐自己來吃，排在她前面的一位先生突然轉身過來，直接告訴她，若要吃滷肉飯，應該要吃江家，因為江家和另一家是妯娌關係，都是婆婆教的。

「這個滷肉飯噢，要淋上一圈店家自製的辣油，然後拌一拌。」

A問那位先生怎麼知道？他回答：「我吃了三十幾年了，吃第一次就『中』了，每個禮拜都要再來吃。」

A小姐在我身後跟同事講得興高采烈，我在前面聽得肚子餓極了。

但我問你，這不是最棒的口碑行銷嗎？

這不是最佳的飲食文學撰寫嗎？

還有，那榕樹下一張張滿滿的桌子，就是最佳的人類學觀察。

你的創作一定可以在他們的表情、語言、聲音、動作上，得到豐富的啟發。

喘息服務

我上次去慈聖宮是和奧美集團的創意長龔大中，兩人從信義區特地開車到大稻埕午餐，並且要在午休結束前趕回去。兩人在榕樹下吃熱炒聊創意，不亦樂乎。

再上一次，是和作家舒國治老師，一樣在榕樹下，只是在另一張桌子。舒老師跟我說廣告教父孫大偉愛吃哪一家的魚頭火鍋，他自己比較偏愛哪一家的排骨。

對了對了，那次去的路上，還遇到另一位大詩人，他也是要去慈聖宮吃午飯的。

我舉這些名人當例子，是要說明這些人都很忙，也都有他們急著要去完成的夢想，但他們對於用餐依舊講究，對於午餐仍舊在意，願意在繁忙中分別出一小段空檔，好好地品嚐食物，好好地觀看人群。

前面提到，創作工作是長期且艱辛的，難免讓我想到長照工作。

說起來也是，我們就是長期照顧我們的作品啊，我們就是在做長照工作的。

如果你對長照熟悉，必定知道，對於辛苦的照顧者，進步的世界各國都建議要有喘息服務。讓照顧者在長期且艱辛的照顧工作中，可以有一小段時間，暫時離開崗位，由人暫代，好讓他可以去做自己想做的事，休息一下，做個喘息。

我自己認為我的小型逃脫計畫，就是自我提供的喘息服務。

要短期並且有效率，還要力求達成。

喘息是有力量的，它讓你安定靈魂，並且可以採擷到生命精華。

還有，它讓你可以接觸到人，避免創作者易犯的孤僻、自我疏離、孤芳自賞，甚至井底之蛙。

好好呼吸，好好跑步

當然，我們都理解創作是如此長期且艱辛，彷彿馬拉松一般。

於是，那個解構變得如此重要。

以我為例，我會在跑步時把幾十公里拆分下來，我不是要一次跑幾十公里，我只是一次跑一步，一次一步就好。在每一步之間，我以呼吸串聯。

在呼吸的時候，認真呼吸。

跑步的時候，認真跑步。

千萬不要只有跑步卻不呼吸。

那一來跑不遠，二來跑不快，三來你會恨死跑步，再也不跑步。

此處的跑步比喻的是創作，呼吸意味著創作間的例行休息。

記得呼吸，記得喘息。

你知道什麼人不會喘嗎？

不跑步的人。和不再活著的人。

請告訴自己

創作真是長期且艱辛的工作，安排一小段時間，暫時離開崗位，做做自己想做的事，為自己做喘息服務。

換你練習

1 你的小型逃脫計畫是什麼？
2 你有確實完成逃脫嗎？
3 你有認真呼吸嗎？

在沉沉地睡去前，創作

夢

我剛剛拚命且努力地寫著，妻說要出門了，我趕緊加快速度。結果，是夢。我根本還沒寫。醒來後悵然若失。（笑）

不知道你會不會這樣子？

我讀川端康成寫的《名人》，談日本圍棋的最高榮譽名人頭銜，講到職業棋士常常在睡夢中思索著某場棋局，揮之不去。

睡眠好重要，但創作者常常睡不好。

那天遇到一位導演，跟我分享一些做法。有些是我本來就會做的，沒想到是有些好處的。

為了沉睡

固定作息。

不要因為有一天熬夜，當天就睡到一個一發不可收拾，還是應該要在固定時間起床，就算是補眠，也要有所節制。補眠其實不是真的可以補到，但卻會造成身體的信號錯誤，影響接著的生活。

每天早上到室外曬太陽十五分鐘。

就算是陰天也沒關係。但是一定要到室外去，因為太陽光或已經天亮的環境，經過眼睛的視網膜，可以刺激大腦，讓大腦知道現在已經是白天了，可以通知全身的細胞開始運作，讓身體規律活動，才會有規律的睡眠。

睡前一小時不要接觸3C產品。

避免發出的藍光刺激大腦以為現在是白天，因此無法入睡。這點應該對現代許多人來說都是不容易做到的，畢竟，我們都有某種程度的成癮了，我們應該是人類有史以來最大規模成癮的一代吧。那種不斷地尋求短期快感刺激的癮頭，緊緊地纏上我們每個人，如鬼魂，讓人一刻都無法平靜。

那天，有另位創作的前輩跟我們聊起，他說老是看到爸媽碎唸小孩不要滑太久的手機，可是爸媽自己滑更久。自己覺得好看，孩子在旁邊看，當然會跟著做，自己可以看那麼久卻不准小孩看是什麼意思啊。哈哈哈。

他繼續說，然後，爸媽叫孩子去睡覺，一直唸，唸了一個多小時，還在唸，每天唸。他在旁邊看也是納悶，做爸媽的自己不睡，還在那邊玩，憑什麼叫孩子去睡？難怪會每天一直唸……。

這真的是難題，我沒有答案。

我們家的做法是，時間一到，大家一起去床上，關掉全家的大燈，只能開閱讀燈，只能看書，看一會兒後睡覺。盡量每天都如此。

關於睡覺，做的許多事，都是為了睡覺，但都不是睡覺時做的，而是在睡覺之外的時間做的。準備了許多，而且需要靠紀律去完成。

我一直覺得跟什麼很相像，想了半天，終於想到，跟創作一樣。

不睡覺，無法創作

有些人很愛說，為了創作，所以無法睡覺。這句話，我總覺得有點謬誤。

事實上你並不是為了創作，而一輩子都不再睡覺，你只是一天沒睡，兩天沒睡，頂多三天沒睡。說沒睡，也還是有睡吧。最麻煩的是，那幾天的睡眠不足，對腦力有所傷害，更直接對之後的創作造成不好的影響。

確切地來說，比較是我們因為之前的時間分配不佳，導致在交件期限前得熬夜。我們不是靠不睡覺而得到創作的養分的。

若不睡覺真的對創作有益處，那為了創作，我們應該都不要睡覺，一輩子都不睡覺，拒絕睡覺，永遠都不睡覺，大家要拚命地不睡覺好做出更棒的作品。

事實上，那只是託辭。

事實上，你是為了死線deadline而不睡，不是為了創作而不睡。你少來了。

事實上，不睡覺，無法創作。

睡覺的符號意義

其實，對於許多幼兒而言，睡覺真的是很難受的事，世界那麼好玩，睡覺就都不能玩了；更有人提到，睡覺對於幼兒而言其實很恐怖，因為眼睛閉上，要離開這個世界，不知道會遇見什麼，是一種未知的恐懼。

我們自己也知道，在許多戲劇裡，睡眠代表的符號意義，也跟死亡十分接近。於是，不想睡，某種程度也是一種對死亡的擔憂恐懼。

短暫的死亡。

更生。

我們不想要睡覺，但一定得睡覺，我們不想要死亡，但勢必得死亡。

於是，我們做出嘗試，好讓自身在這個注定得迎向結束的生命裡，做點什麼好標記出我們的存在，好確認我們的價值，或者，這一趟路有一點意義。

於是，從這個角度出發，為什麼現代的我們那麼不想睡覺，那麼急於延長在睡前的時間，那麼迫切地在睡前不斷滑手機？會不會其實是因為我們對於今天的生活感到空洞，感到無意義所帶來的焦慮呢？

我們在睡前的那些動作，那麼無意識，但又那麼認真，比起上班還認真許多地滑手機，是不是一種動物的掙扎？是不是一種明知道自身掉在一個牢籠中卻拚命地動著想要逃的掙脫？那是一種抗拒，拒絕自己被世界的規則所轄制，拒絕遵循世間的規範。想要藉由這小小的犯規，好呈現自己依然活著。

睡前的滑手機，說不定就是一種潛意識想要對死亡的叛逆。認真說起來，那不就是創作的源頭嗎？

那也許看來無意識，卻充滿了生之美。只是，可能還不夠美。

創作才美。把那股力氣拿來創作吧。

睡前的冥想

川端康成的作品《名人》，是部紀實小說，書中的人名幾乎都是真名，講述的是日本圍棋界的最高榮譽「名人」頭銜，過去是終身制，一個時代只會有一位名人，直到他過世後才會有下一位，是莫大的榮譽。書中的主角本因坊名人秀哉，做為日本傳統圍棋的最後一位棋士、本因坊的末代掌門人，在六十五歲高齡對弈三十歲的年輕七段高手。他拖著病體，經歷長達六個月的比賽期間，並在棋賽結束後一年過世。川端康成被報社邀請觀賽，並寫成觀賽記在報紙上連載，世所矚目常勝三十餘年的圍棋名人，和諾貝爾文學獎得主在生命的最末章節，相逢相惜，並且迸發出極高的藝術成就，探究的除了棋局的生死外，更多的是生命死前的優雅之美。那些堅定姿態，非常值得一看。

裡頭提到，本因坊名人秀哉會在夜間就寢前於被褥上，靜坐冥想思索。

我想，或許，這是個可以參考的做法。與其，拚命地滑手機，看別人沒什麼太大意義的近況分享，看一堆莫名且標題刺激但空洞的網路新聞；也許，安靜地觀看自己的今日，或許更有對生命的叛逆。

在睡眠來臨前，在短暫的死亡來臨前。好好地盤算，好好地思索大局——盤算，一如面對棋盤，仔細計算棋上的子目。

大局，你的創作，需要的是格局，並在死中求生。

這也許可以看待成一種養成吧。

然後，在永恆的死亡來臨前，創作。

在沉沉地睡去前，創作。

請告訴自己

不睡覺無法得到創作養分。事實上，你是為了deadline而不睡，不是為了創作；事實上，不睡覺，無法創作。

換你練習

1 今天開始，睡前不滑手機，很難，但你可以。

2 拿出紙筆，不是手機喔，手機會讓你失去原本會有的作品。寫下你明天的創作計畫，寫下來，唸出來，實現它。你就是大預言家。

3 閉上眼睛，想像你的作品細節，十分鐘。

讓好點子跳出來

高風險

創作是高風險的工作。
很容易憂鬱，很容易挫折，很容易想不出來。
我跟你說喔，怎樣避免想不出來呢？就是不要想。不要創作。
這跟不要站上打擊區一樣。你便絕對不會失敗。也絕對不會有作品。
但這真的不是太好的策略啦，建議你不要那樣思考。因為害怕失敗，於是完全不投入，才是人生最大的失手，那不是提前判定自己只是個屍首？
那要如何處理那些挫敗呢？我搞了好久，也搞砸好多。
跟你分享一個，你試試看：開合跳。

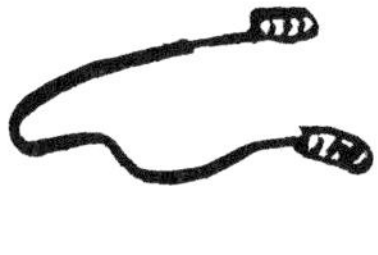

Jumping Jack

開合跳的英文叫做Jumping Jack。其實就是小時候的一種木偶玩具啊，人形有手有腳，底部有一條繩子，一拉，他就會手腳一起打開來。

開合跳的動作就跟這個人偶一樣，可是你跳的時候，要記得雙腿併攏，落地時膝蓋微彎，減少衝擊力。

我發現，我們創作者很多時候都坐著，很多時候頸肩痠痛，甚至駝背，可是你又非得坐著工作，這常常困擾我。

都想不出東西了，還身體這裡痠那裡痛的，然後這裡痠那裡痛，就又更想不出東西來。

尤其背後「膏肓」的地方，如果疼痛，還真的會影響睡眠，也沒有什麼特別的按摩方法能改善。

我看了不少物理治療師，有的建議用按摩球，頗有效果。

但我總覺得等到痛了才去舒緩有點慢，很希望可以預防勝於治療。

後來發現開合跳可以處理。

中氣不順胸口鬱悶

另個創作常有的問題，就是氣悶。

覺得胸口鬱鬱的，鬱鬱寡歡，終日疲困。這時，我超建議做開合跳的。只要起身跳個一百下，馬上活力十足，提高細胞的含氧量，大腦就恢復思考能力了。許多研究也顯示，可以提高生理循環的功能，甚至達到增肌減脂的效果，雖然我覺得那都是附屬的了。

常常說創作是在比氣長，但中氣不順，你會發現諸事也不順。

跳一跳，氣血都通暢了，有了好的氣，氣運行得流暢，就有好運氣呀。

大家一起跳

還有個更妙的，找同伴一起開合跳。

大家常常坐在會議室，困坐愁城，不知如何是好。這時，大家一起起身，原地開合跳，嘴巴喊出來，一起數。愈跳愈開心，愈跳愈快樂，跳完一百下，臉上下垂的線條，因為大口呼吸大口喘氣，就上揚了，氣氛瞬間就好多了。

這個非常有趣，有種反璞歸真的感覺，彷彿回到小學時候，大家一起跳健康操，一邊跳一邊笑，好像很蠢，而且一起蠢。

覺得自己有點蠢的時候，其實是人類最聰明的時候。

我個人覺得這是快速解決氣氛低落的好方法。

我還真的沒見過有人跳完還臭臉的。哈哈。

信不信，你現在就起身，來跳個一百下。

保證你會成為更高興的人。

最棒的是，好點子會跟著跳出來哦。

請告訴自己

常常說創作是在比氣長，但中氣不順，你會發現諸事也不順。起來開合跳，好點子也會跟著跳出來。

換你練習

1 你最近覺得氣悶嗎？
2 照照鏡子，你是挺直腰桿的人嗎？
3 也沒什麼好說的，跳個一百下看看，一定會不一樣的。

去跑步

創作者，要跑步

村上春樹每天十公里，準備馬拉松比賽時，更是增加跑量。不要覺得你體力不行做不到，村上先生七十四歲了。也請不要說你年齡還不到，所以無法跑。村上先生是三十三歲時的秋天，寫完《尋羊冒險記》後，因為戒菸體重增加，為了減肥而開始跑。

所以，太年輕，不是問題。

你說，因為創作的關係，你都是深夜工作，因此作息與眾不同，所以沒空跑步。

我懂，村上先生以前經營爵士酒吧，所以創作的時間是酒吧打烊後，凌晨三點到五點寫作。如果你也經營一間酒吧，那你確實只能這時間創作。

但如果你沒有經營一間酒吧，那你就無須拘泥於這時間了。

村上先生現在每天晚上八點上床，凌晨四點起床開始寫作。

那，你幾點睡？

卜洛克也是跑者

推理小說大師勞倫斯・卜洛克有跟村上先生一樣的跑步習慣，甚至更猛，一年參加四十場賽事，六十七歲時還挑戰二十四小時耐力賽。他的作品有夠厲害，超幽默又超冷酷，得了七次愛倫坡獎，及鑽石匕首獎。他的馬修・史卡德系列，是我認為書寫紐約最棒的推理小說。和村上先生一樣，他熱愛跑步，並認為跑步和步行創造了他的創作，還寫了本以跑步串成的自傳《八百萬種走法：一個小說家的步行人生》（*Step by Step: A Pedestrian Memoir*），非常精采。

你說，你也知道許多創作者沒有在運動啊，他們也都有作品啊！對，你說得沒錯，他們很有才華，但，如果他們除了才華還有運動的話，他們的作品會更好。

不過，也不用管別人啦，你超級有才華嗎？如果沒有，那你還不跑步？

體力決定腦力

強壯的身體支撐強壯的腦袋。

你想不出來，很多時候，是你體力不行。

不要誤會我在鼓勵過勞，我在談的是創作，不是上班。

創作是對自己負責，你自己知道你花多少時間、精神在創作上，事實上，可能比起你以為的來得少許多。

你可能花時間在聊天、逛購物網站、看社群媒體，你真正專注在創作上的時間很短。

而且一專注，可能就覺得累，又打開網路，看一下新聞、聊兩句。

你缺乏了專注做好一件事的體力，而跑步正可解決。

跟創作一樣，跑步很無聊。

我們都是受害者。飽受網路時代傷害，缺乏長時間專注的能力，而那是創作最需要的能力。我們需要成立受害者自救會。跑步就是自救的方法。

它迫使你練習只做一件事，並努力把它完成。你總不會一邊跑步，一邊上網吧？那你可能需要先把手機放在家中了。

感到辛苦，隨時想放棄，而且「放棄其實不會怎麼樣」的誘惑如此大，在這上面，跑步和創作是一樣的。

維持就好

但如果你理解這狀態，並且仍舊繼續下去，保持這個狀態，想放棄卻沒有放棄的狀態，你就擊敗這狀態，你就贏了。

不用多做什麼。只要維持就好。

你就一定有作品。

就跟只要你沒有停下來，就一定會往前，就一定會增加公里數，是一樣的。

這是跑步帶來的。你又相信自己一次，你又多練習相信一次。

最後一公里

不管跑幾公里，只要是認真跑，最後一公里，一定最累。

你很喘，你想停下來。停下來就沒跑完，別人不會知道，但你自己知道。

創作也是這樣。
事實上，沒有不好的作品。只有未完成品。你愈投入，作品愈好。
你持續投入，作品持續更好。
所以，我請你去跑步，是要請你記得那感覺——
記得那最後一公里，你多麼想放棄，你多想罵髒話，你多想停下來。
但你沒有。
記得你沒有放棄的感覺。
在下次你創作困頓時，挽救自己，並清楚知道這回溯記憶是真實的你，而這個你，可以。
很可以。

請告訴自己

跑步和創作一樣，只要維持就好，只要你沒有停下來，你就在創作，你就在路上。跑步是練習相信自己。

換你練習

1 你沒有要怎樣，你只是沒有要停下來而已。

2 想放棄時，先不要放棄，一次；想放棄時，先不要放棄，兩次；想放棄時，先不要放棄，三次。

3 不用去想要多厲害，你今天有創作到你設定的里程，就很厲害。然後，再下一個今天就好。

睡不夠，會變笨

創造創作的條件

雖然創作一點也不需要很多資源，一點也不需要你爸爸是誰，一點也不需要你家的房子在哪個捷運站前，但創作還是需要很多條件。

這些條件很複雜，但也很簡單，多數時候，就是要設法把自己準備好。如果覺得這些條件很麻煩，你也可以反向思考，把它當成創作之神為你築起的防禦陣線。也就是進入門檻。

創作是跑馬拉松，不是燃燒。就算是燃燒，也該是長時間的燃燒。跑馬拉松，而且是長期跑馬，需要的是紀律。除了跑步的紀律外，也要有休息的紀律。

若你沒有規律且有效的休息，你一定會受傷，你一定會有問題，你更不可能追求什麼成績的提升。

於是，容我再次分享睡眠的重要。

為了睡覺而付出一生

日本得過直木賞的小說家白石一文只寫小說，但是仍可以從他的私小說《沒有你，我無法成為小說家》裡發現，他的日常就是只有吃飯睡覺寫作，兩天散步一次，一次三到四小時。長期有睡眠問題的他，為了能夠好好睡覺，甚至找到現在的老婆。這句話說得很奇怪，但他當時初次見到那位女子時，就心想，「要是這個人睡在身旁，一定睡得著吧。」

這當然很莫名。但他就也為此付出行動，甚至跟對方分享自己未發表的作品——當然得建立在對方是位對小說有偏好的女子。

就算當時，白石一文仍是默默無名的小說家，然而對方深深地為他的小說而著迷。晚上熬夜看完後，直接去上班，隔一天請假，再讀一遍後打電話給白石一文，邀他共進晚餐並分享感想。

那份原稿，是一千兩百張的四百字稿紙。四十八萬字，就算打個七折，也有三十萬字哦。大家對字數未必有什麼概念，一些市面上的心靈勵志書可能是六萬多字，我寫的小說《空鳥》是九萬多字，小說《替補的王牌》是十二萬字。

這樣可以感受到當時只是素昧平生、後來成為妻子的這位女子，對這小說有多麼的喜愛吧。她打電話給小說家講的第一句話是，「小說太厲害了，你是天才！」

這樣說，似乎方向跑掉了，好像變成要找到一個可以欣賞你的另一半。但，仔細想，難道不是嗎？你怎麼可以和一個人生活一輩子，而他卻不欣賞你看重的優點呢？

但話說回來，我真正要說的是，睡眠很重要。

為了好睡而去追求一位女子，好讓自己可以順利創作，怎麼想都是非常合乎邏輯的事。因為創作是最重要的事。

過動的時代，更要好好睡

白石一文跟我一樣，有類似過動的傾向。

他的注意力集中時間只有十五分鐘，超過就渙散，開始做別的事，看影片、新聞、起身走動。他在小說裡提到，就算只是在公司，在他身上戴的計數器，一天下來竟可以有兩萬步。

過動，或者當代常以ADHD（Attention Deficit Hyperactivity Disorder，注意力不足過動症）來定義的人，是不是就無法創作呢？

我覺得未必，但必須要付出更多的準備動作。

因為創作勢必得進入心流的狀態，也就是心無旁騖，完全專注，絲毫不感到時間流逝，不被外界打擾。但過動就是一種自己打斷自己的可能，於是在相互對抗間，身體是會感受到疲累的。那個疲累需要修復，否則，隔天你會無法繼續創作。

不過，創作若只做一天，勢必無法有作品。

一次性的東西要嘛不環保，要嘛就是詐騙。

白石一文的父親也是獲得直木賞的小說家，生活更是極度簡化，只有最低限度的吃飯睡覺寫作。當你的所有生活作息都簡化，你的作品才會更加豐富豐盛。

這非常不容易，畢竟這是個更加複雜的世界，一切都碎片化，而這些碎片還發出各種聲音閃光，以一種妖媚的姿態吸引你。

這個時代，我們都被迫變成有過動傾向了。

光是放下心，放下手機，就很了不起。放下心放下手機去睡覺，更是了不起。

怎麼辦呢？你得提醒自己，睡覺不是為了自己，是為了作品。

我也很清楚，你不睡覺是為了得到更多自己的時間；因為其他時間你都被世界綁架，你只有睡前少得可憐的時間可以自由地滑手機。

只是，那個自由是假象，你只是自由地亂看而已，你不是自由地創作。

如果可以，你該犧牲此刻睡前的自由假象，好讓自己隔天有足夠的自由創作。

原因來自下一段。

不睡飽，會變笨

不用花很多時間解釋，就是小標上寫的。

不必多談論睡眠不足會造成情緒不佳，而情緒永遠是創作者得去管理的。

假如每天睡八小時，人類一生中就有三分之一的時間在睡覺。所以，如果你活到八十五歲，等於花了二十四萬八千兩百個小時在睡覺，相當睡了二十八年。

剛剛談到注意力，有充足睡眠才能集中注意力。沒有充足睡眠，額葉皮質就會很疲憊，注意力會變得遲鈍。一個注意力遲鈍的創作者，作品也會遲鈍。

不，應該是不會有作品。

在莉莎・潔諾娃（Lisa Genova）《一生都能好好記憶》（*Remember: The Science of Memory and the Art of Forgetting*）一書中曾指出，許多研究發現睡眠有助於降低罹患阿茲海默症：「多數神經科學家認為阿茲海默症是澱粉樣斑塊累積所引起的。……在你深度睡眠期間，神經膠細胞（glial cells）會沖走你清醒時累積在神經突觸中的所有代謝碎片。深度睡眠就像大腦的強力清潔，如果深度睡眠不足，神經膠細胞沒有足夠的時間完成工作，你早上醒來時，昨晚累積在突觸中的澱粉樣蛋白還有殘留，就好像是澱粉樣蛋白的宿醉。」

沒睡飽就跟喝醉一樣。

海明威嗜好杯中物，大家都知道他很愛喝，但是當他創作時卻是滴酒不沾，甚至會不進食，好保持思慮敏銳。

你說，可是我喝醉後一樣有作品啊。對，但要是你清醒敏銳，你的作品會更好。

當然可以喝醉，但那是創作後才要做的事。

重點是，沒睡飽會變笨：

你想要笨一點的作品嗎？

請告訴自己

這個時代，我們都被迫變成有過動傾向了。放下心放下手機去睡覺，好讓自己隔天有足夠的自由去創作。

換你練習

1 你昨天睡多久？

2 你今天感覺如何？創作了什麼？

3 你今天要幾點睡？幾點起來？

一些看似無用的小動作

我站著打字

這也沒什麼，不過，據說海明威也是這樣。

我也可以坐著打字，但容易腰痠背痛，而因為腰痠背痛、頸肩僵硬就會影響我，我會想休息，甚至整個把休息當作創作的主體……最後只有休息。

站著打字還有幾個好處。

你的腿會痠，於是你就會不自覺地，讓自己思慮清晰了起來，你會想得稍稍更有效率一些，你也會有如神助，迸發出很多平常沒有想到的想法。

因為肉體的痠痛，常常是最好的觸媒。

還有，它可以治療拖延症。

你不會站著，然後都在網路上漫無目的地到處亂看，那種亂看很恐怖，看了老半天，根本什麼也沒有看見，只有時間不自覺地流逝。

我很恐懼不自覺，比起有自覺地做任何事，不自覺是最浪費的事，而且是最無意義的事。我的意思是說，如果你看一個作品是毫無自覺的，常常這作品就消逝了。它不會在你的生命起到作用，它無法留下一個標記，它沒有辦法啟發你，它的價值因為你的態度貶值了，你削弱它的影響力。那不是它的問題，是你造成的問題。

站著的時候，你會是敏銳的。

有沒有想過，只有人類有椅子？

在曠野裡，應該沒有動物會在進行覓食行為時，去找一把椅子來坐吧。牠們會有戰鬥蹲姿，關節彎曲，蓄積能量，準備在下一刻釋放，完全奔跑，完全衝刺。

在曠野，過度悠閒的結果，常是死亡。

我們或許在兩千年前擺脫了打獵的生活型態，在當代輕易地享受各種便利。但在創作時，可以試著想像，這是另一種生活型態，一種需要你敏銳心智的活動。

捕捉靈感的獵人

我們有很多生活上的習慣，比方說在沙發上癱成一團，我覺得很棒也很好，但，在創作時，可以試著有點不一樣。

因為你想要做出不一樣的東西嘛。

可以稍稍不是那麼舒適，可以稍稍不是那麼放鬆，可以有一點點的緊張。那個緊張感，可以像海明威在《流動的饗宴》裡提到的，像隻肚餓的野豬在灌木叢裡拚命努力地覓食，充滿了迫切性。

他寫到當時的創作景況，常常是餓著肚子，因為身無分文，只能在咖啡館裡點一杯最便宜的咖啡，拿著鉛筆振筆疾書，全身的細胞都在為了求生存而激動著。他也說，那或許是創作最好的姿態，敏銳且有所求，身體的狀態回應了精神的狀態，甚至強化了精神的力量。

海明威終生追求一種獵人姿態，雖然我不喜愛他到非洲獵捕野生動物的行為，但我理解他在創作上追求的是一種對抗，對抗生命的無理，對抗規則的蠻橫。

做為創作者，我倒覺得可以適時地，保持那種警覺。那種有意識地捕捉，捕捉在荒煙蔓草裡人們不在意的、不珍視的，最後結晶成自身的作品。

捕捉靈感，需要獵者對抗自然的姿態。

沒有創作不進食

小說家白石一文在他的私小說《沒有你，我無法成為小說家》裡寫到，他認識一位作家，每天若還沒寫出東西，就不吃東西。於是，他也這樣做。他每天早上只端一杯黑咖啡到書房，寫完才吃早餐。

那可不是什麼現在已經被證明其實沒有太大減肥效果的「168斷食」喔。那是一種對自我的請求。

藉由一項你每天都得做的事，來讓另一件事變得每天都得做，而且做得出來。

我覺得很精采。我的精采是指，這種行為不是自虐，而是自重。

我試著那樣做，但我擔心自己的胃不好，哈哈哈。

所以我的方式是，我先寫東西，寫了一個段落後，起身按下熱水，磨咖啡豆，烤麵包，再手沖咖啡。

重點是順序。

我把創作擺前面，那意味著我把它放在優先順序前。

我吃早餐，是為了讓我可以繼續創作，我的吃食只是讓肉體有能量可以支持我創作。

你把什麼擺前面，你的什麼就會被擺在前面。

認真的創作，絕對會比不認真地創作被認真對待。

我舉啞鈴

獲得諾貝爾文學獎三次提名的三島由紀夫，在他闡述自身哲學的作品《太陽與鐵》裡，也提到：「我始終認為表現精神過度怠惰的便便大腹，以及表現精神過度發達而微露肋骨薄胸的肉體性特徵，是最醜陋不堪的。」

我恐懼自己的作品顯頇笨重，無法前進在人生道路上。

也害怕自己的作品缺乏力量只是無病呻吟，對不起生命的沉重。

精神勞動者，別在真實世界裡成為只拿得起手機的人，手機說不定是你在創作時最該遠離的；更別提肌少症會讓你容易跌倒，一跌不起，讓你遠離創作。

我給自己的方法是，在創作到腳痠的時候，在創作到不知如何繼續時，在需要短暫的歇息時，舉啞鈴。

啞鈴是十二公斤，一手一個。並沒有那麼了不起。

但舉啞鈴讓手痠就會忘記腳痠，也會忘記腦子的痠。

還有，你會有俐落的線條，讓你知道回頭如何刪減作品，好雕塑出有明暗層次的肌理。

每每當我困頓時，肉體的勤奮動作，總可以帶動起精神的奮起。

最重要的是，很有效率，只要不到一分鐘，就立刻迫不及待想回到工作桌前，繼續創作——因為舉啞鈴太累了，還是創作好了。（笑）

這是我的比上不足、比下有餘計畫。

我的啞鈴就擺在身旁，好讓我隨時可以投入，並且再轉身，回來創作。

我還有很多小動作，也很願意嘗試新的小動作。

只要可以作動，讓創作行動起來，都是好動作。

請告訴自己

做為創作者，適時地保持警覺，有意識地捕捉靈感，用獵者對抗自然的姿態，結晶成自身的作品。

換你練習

1 你有哪些有意識的小動作？
2 你有哪些精神勞動者的體能保養？
3 你今天創作了嗎？你每天都該問自己的問題。

戰勝拖延症

拖延症

創作者一定有的拖延症，其實是良性的。

因為謀定而後動，你只是在思考久一點，好讓東西再好一點而已。

我這樣說，你是不是覺得好過一點？

這樣說沒錯，可是，時間到，沒東西還是沒東西呀，就算拖延症是良性，但對跟你合作的那一方來說，應該只是惡性重大的腫瘤，恨不得除之而後快吧？

就算不管合作方的想法，創作者我們自己也會充滿了內疚感啊。

背上若有重擔，肩頸痠痛，走起路來也歪七扭八。不守信用，甚至會帶來一種不佳的餘味，不信，聞一聞自己身上，那散出的氣息，總是有點不俐落、不甚清潔感。

你也會不滿意的，就算自我批判再怎麼輕，始終是批判，更別提，現在的狀況不是東西好不好，是沒有東西。

那是擅離職守，那是不負責任，那是可以創作卻沒創作，你會對自己失望的。

對自己失望，這才是最可怕的地方。

你失去對自己的信任，你不再相信自己可以，而那絕對會影響你的下一次，下一次的創作，下一次的站上打擊區。

你給了自己打擊。我們都得憑著一股底氣才會創作，而當那股氣洩掉了，你很難打氣，你得先找到那個漏氣的地方，否則，你就是個漏氣的人。

台語說的，真漏氣啊。

漏氣不是丟臉而已，而是你會想像，自己再怎麼鼓足真氣，都會洩漏掉。

一如此刻的我。

怎麼辦呢？

我也不知道，但我試著做點什麼。

重要的事先做

不管你本來要做什麼，先做完創作：
你本來要跟朋友出去吃飯？先創作。
你本來要看一場球賽？先創作。
你本來要去參加一個會議？先創作。
你本來要瀏覽今天的新聞？先創作。
你本來要喝咖啡？先創作。
你本來要刷牙？先創作。

好吧，先不刷牙，這有點太嚴厲，可是，這其實是有效的。

讓原本你每天都得做的事，順序往後放，把創作當成你的優先事項，做完才去做你很想做、你習慣做的事。一來這打斷了你過去的習慣，帶給你全新的感受，那新鮮感會在你創作時成為夥伴；二來，那原本想做的事，會成為紅蘿蔔，放在你眼前，吸引你往前進，那迫切的感覺會成為助力，幫你。

但，如果要尿尿，還是要先去，避免尿道炎。那不會給你幫助的，只會給你痛苦，並因此遠離創作。你反而要多喝水，有尿意，就去尿尿，增加活動的機會。

你本來要尿尿，就先尿尿。

除此以外，創作優先。

不要上網

網路很棒，但當你創作時，它不是。它很爛。

它應該是全世界最拖累你的東西。

網路很棒，可以讓你的創作被全世界看到，但，當你創作時，你不需要它，並且應該遠離它。你的工作是做出東西，讓網路可以幫你傳播，你的工作不是上網。

當你創作，你唯一需要上網的時候，是完成了作品，寄給同伴時；當你完成這個動作之後，你再上網。

自由自在地上網，像居住在自由的國家一樣。

但在完成作品之前，先不要。

關於創作，你該做的第一件事，就是打開電腦，找到最上方，有個符號，像扇子，點開它，會出現Wi-Fi，你關閉它。

這是你面對創作做的第一件好事。

你尊重創作，創作也會尊重你，給你相對應的尊重，你和他之間沒有隔著網路，沒有第三者。你和創作愈親密，你愈會有密集產出的作品。

你說，可是我得先收集資料。

如果你是從網路上收集資料，首先，這件事就有問題。

因為你查得到的，別人也查得到。你餵養自己的東西平凡無奇，而且充滿了偷懶的氣息；你的產出只怕也會平凡無奇，並濃濃地散發偷懶的氣息。一如餐廳打烊後放置在暗巷裡的菜渣桶——拾人牙慧，都已是過度溢美之詞。

你真正收集資料的方式，應該是到現場，是去認識真人，是去理解真實的故事，是去實際場景裡，感受真實的呼吸，看到真實的細節，用手細細地慢慢撫過摸過。

當然，你會說，我是真的要收集資料，而且那些資料僅存在網路上。

我不願跟你爭辯，沒有這種東西。

再說一次，若存在網路上，那麼它的價值不會太高。

因為你的觀眾、你的讀者也都看得到，機器人也查得到，並且可以變成它的產出。

但如果你還是堅持，那你就關掉其他視窗，關掉臉書，關掉新聞，關掉購物網站，關掉一切，除了你正在找的主題。

你不關掉它們，它們就會關掉你。就是這麼單純。

關於網路，我寫了那麼多，因為它的影響就是那麼大。你得處理它。

充滿影響力的它會很大力地幫你把作品送到全世界去，但在那之前，你得先戒除它，好產出作品。

高強度間歇運動

我每天都做HIIT（High-Intensity Interval Training），也就是高強度間歇運動。這個運動方式是讓身體在短時間內進行高強度爆發性運動，並且有一段休息時間，也就是以間歇的方式，進行運動，最大心率為八十五％至一〇〇％之間。

我自己發現，想要長時間的創作，可以考慮類似的過程。

在創作五十分鐘後，起來活動十分鐘，有點類似以前我們在學校上課。

至於，那十分鐘要做什麼呢？

我是做開合跳、波比跳、深蹲，或者舉啞鈴的阻力訓練，好活絡身體，增加細胞含氧能力，幫助大腦思考。

當然，你也可以喝水、上廁所，找朋友聊天。

但強烈建議，不要上網，不要滑手機。

請把這兩樣當作含糖飲料一般，它們對創作有毒。不是不能做，是完成創作後再做。

當然，你已經不是被學校制度束縛的人了，你可以自己決定調配時間，但建議不要工作十分鐘休息五十分鐘，因為那五十分鐘很容易變成五小時。哈哈哈。

是大人，就要有大人的樣子。

軟爛，不是個樣子。

天道酬勤

當然，拖延症不是絕症，甚至，它也是人性的一種表現，當然也可以是創作的素材。

一如此刻，就是因為我想要看多明尼加對委內瑞拉的世界棒球經典賽（噢，兩邊的打者列出來，就是一到九棒全部都是第四棒啊，根本是大聯盟的總冠軍世界大賽等級呀，以我同學的說法，就是很認真打的大聯盟明星賽），我很想看，我甚至已經看了，看到第三局，躺在沙發上，完全不想起身。

但我應該要創作的，心裡充滿內疚感，於是，我趁著換投手的時候，逼已經變身成沙發馬鈴薯的自己爬起來，離開那個位置，做深蹲、開合跳、波比跳、舉啞鈴後，來到電腦前，並且寫下關於拖延症的這篇文章。

我利用了拖延症。

在它拖累了我一輩子之後。

終於，我有一次從它手裡打出一支安打。

但拖延症還是會在的。我知道它會跟著我一輩子。我勢必要一輩子對抗它。

我也相信天道酬勤，當我每一次逃出拖延症的魔掌，認真努力地創作，進入心流的狀態，我就離好作品再接近一步，因為天道酬勤。

請你也試著相信，天道酬勤啊。勤奮的你，自然會有上天幫助，自然會有美好的結果。

請你相信。

請告訴自己

讓原本每天都得做的事往後放，創作優先，一來打破習慣；二來，那原本想做的事，會成為紅蘿蔔，成為助力。

換你練習

1 你今天拖延了嗎？
2 你處理拖延症的方法是什麼？
3 你做到了嗎？你做出東西來了嗎？

4

你創作，是為了替後來的人留下浮木

// 像當初的你一樣

一籌莫展的時候

一籌莫展

二〇二三年世界棒球經典賽，台灣隊在第一場對上巴拿馬，比分大幅落後，差點被提前結束比賽，最後五：十二，在全國人民面前吞下敗績。

比賽本身很辛苦，背負著全場目光甚至全國期盼的壓力，更是痛苦。有位球員就說，他第一次感覺到這件球衣，很重。比賽中，一度讓所有人感受到場上球員的一籌莫展。

一籌莫展。

我好熟悉。

如果你也是創作者，應該也會熟悉。

如果沒有，我羨慕你，但也暗暗地在心裡想，你真的是創作者嗎？還是只是複製者？複製貼上，微微修改，輕鬆寫意，沒有壓力。重複做自己熟悉的東西，沒有風險，沒有需要掙扎，沒有問自己到底在幹嘛，沒有想不出不一樣的東西的苦惱，就也沒有一籌莫展了。

但，那樣也沒有創作了。

於是，我們勇敢地走向前，勇敢地創作；並且，勇敢地準備一籌莫展。

我想，這世上還是有很多的創作者，有很多的一籌莫展。

台灣隊在充滿挫敗的比賽後隔天休兵，我很好奇，他們做了些什麼？

因為，我對一籌莫展好奇，我想知道其他人如何處理一籌莫展，因為我們有好多的一籌莫展呀。

我翻找報紙，在體育版看到了。我仔細觀察，他們回到練習的場地，斗六棒球場，他們穿著較輕便的短褲，加上運動用的緊身褲。再仔細看，他們有笑容，有笑容?!

這是如何做到的啊！

惡意辱罵

你知道，在當代，任何一位創作者的壓力都遠大於過去的任何時代。因為，我們有了社群媒體。你看得到任何批評指教，那比起任何時代，都來得可怕，而且影響直接。

是會直接吞蝕你的心靈的那種。

是會讓你完全起不了床只想了結自己的那種。

同樣的，棒球員也是。

很多批評都已經超過了批評的尺度，只有謾罵，除了給球員難聽的外號，你知道嗎？竟然還有人更改球員的維基百科，放上了許多奇怪且只有仇恨的內容。

我當然可以跟你說，會這樣做的人，大概在現實世界裡也有自己嚴重的問題，才會這樣辱罵代表他的國家隊員。

我當然可以問，這樣留言的網友們，又為了我們的國家做了些什麼？他們在指著球員痛苦的失敗的同時，自己的人生又有多成功？

可是，在面對批評者後，還是要面對自己的一籌莫展呀，到底球員們如何讓緊繃的臉上有笑容？

踢足球

他們踢足球。你沒看錯，他們踢足球。

你的驚訝心情也沒有錯，我那當下，超級傻眼，還立刻揉了揉眼睛，再看一次——畫面右下方那顆圓圓的大大的，真的是足球啊。

可是，他們不是棒球隊嗎？他們會踢足球嗎？（噢，會不會就是因為他們是打棒球的才踢足球？）

畫面裡，我看到好幾位職棒選手，腳抬高高的，想要踢到那顆球，但又好像踢不太到，動作有點笨拙，也看到我的好友林子偉，臉上燦爛的笑容。

他原本就很帥，深邃的眼睛，清澈見底，彷彿美麗的湖面反映世間的美，單純又有生命力，當他笑開的時候，根本就是台灣最具代表的臉孔啊。站在他身旁，都會感到造物主的善意，也會感到全世界正期盼著你微笑，更別說，那笑，可以帶給隊友多大的安慰。

做一些不擅長的活動，藉由不習慣因此會發生的糗態，讓隊友間可以不要那麼嚴肅，不要那麼悲情，讓緊繃的心情放鬆。

不擅長當然會做不好，做不好而且很拙，讓人看了想笑，而且是自然的發笑，這也就讓美好的關係開始自然發酵了。

喜樂的心是良藥啊。

化冰

我想，他們一定還是有例行的棒球練習，也會去檢討前一場比賽的缺失，好為下一場比賽備戰。

但他們還可以踢足球。

甚至也許把踢足球擺在前面，好讓前一晚僵硬緊繃的心情與身體藉著歡笑放鬆了，然後再認真地訓練和檢討。

你也可以。

不是說你就要放棄每天創作的功課，更不是要你不管了就跑去玩，而是，在一籌莫展時，找到你的夥伴，去做一件你們原本不擅長的有趣事。

因為不擅長就一定會做不好，但卻也可以因此化解那過分緊繃的強度，讓彼此更靠近。

你知道創作的時候，很容易遇上挫折，而遇上挫折，人們的防衛心理會為了保護自己，歸責於他人，那是一種心理上的保護機制。

只是這多少也會讓團隊彼此間有些小小的心結，不，那不是心結，應該比較像小芥蒂，或者疙瘩。多數時候不會說出來，也覺得不需要說出來，但它卻又存在，並且會影響到之後的運作。

緊繃的心情會帶來緊繃的肌肉，如同冰塊一樣。

更如同冰塊一樣，可能會劃傷彼此。

於是，一個肢體上的接觸，變得重要，一個因彼此動作笨拙而帶來的歡笑，變得重要。

因為，那就是在化冰。

化了冰，讓一切可以回到運動的本質；化了冰，讓一切可以回到創作的本質。

卡笑咧

拍攝現場裡，有時在打光調整鏡位時，若有工作人員不小心進到攝影鏡頭裡，我的攝影師夥伴會說：「那個誰，你要卡笑咧。」就是說你已經上鏡了，臉上笑容要大一點，好提醒對方已經跑進畫面裡了。為了避免穿幫，請趕快離開那個位置。

我覺得這是很文雅的。

比起直接叫人家走開，這真的有趣許多，不只被提醒的人會笑著趕快離開，而且，現場其他人聽到了，也會跟著一起笑。

於是，一個原本的失誤，就在眾人的笑聲中，被化解了，大家可以繼續拍片，不會因為這個小失誤感到不順，進而感到巨大的挫敗，無法繼續創作。

比賽是這樣，你也是這樣。個人是這樣，團隊也是這樣。

我很重視表情，表情反應心情，而心情常常決定了事情。

我覺得，張育成選手的魔性笑容，是他場上最可怕的武器。

不信，你下次一籌莫展時，笑笑地，跟夥伴做點有趣的事吧。

順道一提，隔天，台灣隊對上陣中有五位大聯盟、四位3A等級球員的義大利隊，最終以十一：七獲勝，舉國歡騰，我們都笑了！

根本笑到呼吸困難，全身因為又笑又叫又跳痠痛。

但我更記得，前一天，台灣棒球隊在踢足球的笑。

請告訴自己

在一籌莫展時，找夥伴去做一件原本不擅長的有趣事吧，化解那過分緊繃的強度，讓彼此更靠近。

換你練習

1 回想你最一籌莫展的時刻。
2 想想你不擅長但想做的活動。（我是電吉他、街舞、太極拳……）
3 現在就去做！（我做了，沒花很多時間，但很有用）

準備好了

比塞車還久

昨天和客戶開製作前會議。我在開會前一小時到達地點，好準備。也避免塞車可能帶給我的精神緊張。但我不是沒遇到塞車，而是提早一個半小時出門，讓自己在經歷塞車後，有足夠的時間緩和，有足夠的餘裕調整呼吸，有足夠的力氣觀察周圍，恢復感知能力。

塞車常常會剝奪我這些能力，我得學著處理它。塞車一個半小時，得給自己一個半小時平復的時間。安定下來，讀報紙，喝咖啡，再讀自己喜愛的書。

等到夥伴比會議時間提早十分鐘到來時，我已經歇息夠了，臉上可以有自然流露的微笑；等到會議時間到來時，我已經成為一個有能量的人了，準備好把能量傳導出去，好讓客戶理解我們想做的作品。

準備完了

我們面對會議，常需要準備大量資料，但準備完資料之後就覺得準備完了。

那就準備，完了。

真的，完了。哈哈哈。

為了避免你也剛經歷一個情緒上的緊繃（例如塞車），所以沒有抓到我的意思，容我再進一步說——這裡的「完了」，是「糟糕，完蛋了」的那種。

準備，完了。

一期一會

所謂的會議，應該是一期一會的意思，也就是在這場會議我們將決定重要的事，而不只是決定下次會議的時間。

這場會議將要決定這個議題未來的走向，而且決定了，就將會產生天翻地覆的改變，這是歷史的一個轉折點。

你說，哪有一期一會啦？下個禮拜我還會見到他們。

對不起，如果你是一位沒有感知能力的機器人，我或許會同意你。但真正的一期一會，來自於茶道，意味的是，領悟到這次相會無法重來，是一輩子只有一次的相會，所以賓主須各盡其誠意。那是指一生一次的機會，當下的時光不會再來，要珍重。

此刻，你面對著對方，在這當下，你們都是慎重對待彼此的。下禮拜你會再見到這個人，但這個人已經不是此刻的人了，他如四季更迭，如植物變化，他已經不再相同；同樣的，你們正在做的事，也已不同了，也該不同了。

如果你是創作者，怎麼可以不理解這個意涵呢？

「會」，當然不僅此於會議，是相會。

所以，你和任何合作夥伴的會面，排練、對談、討論都該慎重，不必嚴肅，但真誠，並且準備好。當然，拍攝現場、書寫現場、舞蹈表演現場，也都該慎重。

可是，如果你平常每次會面、練習都不慎重了，為什麼會覺得正式來的時候，會慎重呢？

身心的準備好

再說一次，如果你是個機器人，這篇就不必讀。

但如果你不是，那請你告訴我，你認為你和機器人的差異在哪裡？

我認為，是心。

機器人有身，而且是可以高度重複，毫不感疲累。

因此，當你只是在重複動作時，你應該警覺到你正在從事一個可以被快速取代的工作。壞消息是，回到前面，如果你還是覺得你把資料準備完了就好，那你就是一個可以被取代的人。而且，要取代你還不需要面試，立刻就能讓這件事發生，你不感到害怕，我都為你恐懼了。

當然，依照慣例，我有壞消息，也會有好消息。好消息來了，如果你會覺得累，那麼這就是你和機器人不同的地方。你要好好利用這件事。

和你合作的對方也會感到疲累，而你理解什麼是疲累，你比機器人懂此事，你可以讓你的溝通更有魅力，更來自於日常生活中的人性，更來自於你放在作品意識中的哲學意義。

而大前提是，你的身心準備好，要跟另一個靈魂對話。

二〇二三年世界棒球經典賽開打前的記者會上，台灣隊第一場比賽的先發投手，面對提問，說自己身心都準備好了。我覺得，這是個很理想的答案。

在一個有投球機的時代，如果我們只是要比球速，那就讓投球機上去就好了，不是嗎？在已經有高速鐵路甚至有超音速飛機的時代，為什麼還要有跑步比賽？

運動之所以有意義，是因為有人，是因為人的創造力。而藝術創作也是如此。

你是人，你有屬於你自己的心，可能會累，可能會興奮，可能會苦惱，可能會厭倦。這些都很好，都是不一樣的地方，都是創作的泉源，都是打動另一顆心的素材。

於是，當你想打動另一顆心，你要有所準備。

身心的準備好。

否則，你不只對不起對方，對不起自己，更對不起這難得的一期一會。

這樣一個在歷史上獨一無二、奇妙無比的時刻，不要浪費了。

下次，你可以問問自己，是準備好了？

還是準備完了？

把身心準備好。

請告訴自己

當你想打動另一顆心，你要有所準備，慎重，不必嚴肅，但真誠的。把身心準備好，迎接難得的一期一會。

換你練習

1 你今天要做什麼？

2 你為那個做什麼，為自己做了什麼？

3 你非物質性的準備動作是什麼？今天你做了嗎？

請體諒蒙著眼睛站在別人肩膀上

關於合作的溝通

有些創作，高度仰賴他人，尤其是跟商業有關的。

你至少必須讓合作方明白這到底是什麼，但很麻煩的是，因為它還沒被完全創造出來，所以沒有人知道它到底是什麼，因此很難跟合作方溝通清楚。

這很困難，但麻煩的是，你不好好溝通，你就很難完成你的作品，如果沒有別人的資源投入的話。

許多人如我，因此練就一身說服的能力，那可能是長期累積而來，對於動作反應的觀察，也可能來自大量話術的訓練，更有可能是堅毅態度的展現。

這些都是很好的能力，我也略知一二。

不過，在討論那些方法前，我覺得我們得先釐清，我們到底是要溝通什麼？

未知帶來恐懼

你閉著眼跑步過嗎？

我有一次和球評曾文誠先生去看一場比賽，是盲人棒球賽。球會發出響聲，由投手投出，打者奮力揮擊，把球打出去之後，要跑向一百呎外發出聲響的壘包。

為了公平，考慮到視障狀態不同，比賽選手都得蒙著眼睛。

非常困難。我是說，光是閉上眼睛往前走兩步，都已經有點感到不安了，當我試著想要往前跑，雖然大腿抬起，但著地時的不穩定，讓我再抬起第二隻腿時，開始不安。

而不安讓我遲疑，於是動作遲緩不連貫，接著就失去平衡，幾乎快跌倒了。

我剛描述的，就是創作。

任何創作，都是閉著眼睛在做東西，因為還沒完成，連做的人都不確定會變成如何。

所以，我們才會那麼焦躁不安。

那麼，試著想像，把一個人背坐在你的肩膀上，不是背上哦，是高高地坐在肩膀上，然後，你們兩位都蒙著眼睛，由你往前跑——你覺得他會不會害怕？

以一般人的高度而言，他大約就會在二．四公尺的高度上，不管這合不合適，他就是站在比你更高的地方。

噢，不，如果你想像他是兩腳踩在你的肩膀上，然後你再蒙眼往前跑，會不會更可怕？

失去掌控的感覺

他對於未知的恐懼一定是你的數倍。

因為，他不是主要創作者，所以他無法完全掌控，或者該說，他完全無法掌控。

當然，他可能會因此囉唆，你想像若是你在那麼高的位置，不會尖叫嗎？

我會！

這樣下次合作方囉唆的時候，你就可以把他想像成一個人正在緊張害怕，嚇得尖叫，他是在呼救，他是在試著讓自己冷靜，儘管他發出的聲音，未必可以讓他冷靜。

他試著想要拿到掌控權，但其實很困難，因為創作者本身也不是完全知道會變成什麼呀。

那怎麼辦呢？

對方很可能因此想趕快從你肩上下來，因為那感覺比較安全，於是，一個合作案就沒了。

你可能感到委屈，覺得自己投入創作那麼辛苦，還不被理解；但同時間，對方可能還會覺得他為什麼當初會想爬到你的肩膀上，正在跟朋友抱怨呢。

或者，更多時候，許多合作方會先一步意識到自己是蒙眼站在別人的肩膀上，幾乎沒有太多掌控的機會，那他就會選擇從一開始就不要站上去。

於是，你的提案沒有通過，你沒有合作方。

合作方，可以是電影的出資方，也可能是廣告行銷中的客戶，當然，也可能是有才華的創作夥伴。

失去掌控的感覺，可能比「失去」的感覺更令人不確定，也更令人害怕。

因為，「失去」就是種確定的事，對方可以因此因應。

但，失去掌控，帶來的恐懼感高多了，任何人都會極力避免。

那該怎麼辦呢？

怎麼讓彼此願意讓事情發生，產生作品呢？

讓人知道你是個專業選手

你有什麼好方法嗎？

我想到的是，同樣來自於剛剛提到的盲人棒球賽。

我們覺得閉眼揮棒、閉眼奔跑、閉眼跑壘是不可能的事，但他們就做到了，而且上壘得分。我在現場，我看到了，張大著嘴巴。因此，我知道有人可以做到。

那麼，我們要讓對方感到安心的，會不會就是真的「做出來」呢？

就是作品。

你用作品去說服人，或者說，你完成比賽，並把這個比賽過程讓對方理解，好獲得下次出賽的機會。

並且，在對方尖叫時，有點同理心，理解對方正蒙著眼睛站在你的肩膀上，光這樣，就夠他害怕的了。

而我相信，你的同理心會變成耐心，讓你更能處理對方的恐懼，並讓你的作品更有機會在這世界裡誕生。

你說這不是廢話嗎？我覺得不是。
跟創作一樣，你得先相信一件事，然後去把那事做出來。
那個相信，那個理解很重要。
同樣的，你理解了對方的恐懼，你就不一樣了，你就有機會更能讓對方不恐懼，你的溝通，以至於你每一步在做作品的過程，你都會有不一樣的展現。

你會因為理解對方的恐懼，而自然地在臉上展露信心。
你不會因為不理解對方的恐懼，而輕易發怒心生厭惡。
我跟你保證，這兩件事的差距，不是只有一個「不」字而已。

你會更成熟。
你的作品會更成熟。
因為你是專業的。PRO的。

請告訴自己

當你理解對方的恐懼，就有機會更能讓對方不恐懼，你的溝通與做作品的過程，都會有不一樣的展現。

換你練習

1 想出三個你遇過難以溝通的歷史畫面。

2 想出三個你感到安全的時刻。

3 想出三個你現在可以處理對方恐懼的方法。

聽話，並不聽話

不馴的創作

我常覺得創作很多時候，是沒有意識地不被馴養。

這裡「沒有意識」的意思，是「不是故意地要叛逆」。因為想走出自己的路徑，自然而然地就不太一樣了，自然而然就有了自己的風格。

那對抗的意識可能存在，但並不是那麼存於表面，而是來自更深層的，想改變，想碰觸，想對話。

結果，就變成不太聽話。或者，不聽話。

仔細聽話

但其實，我們需要聆聽對話的。

做為一個創作者，你怎麼可以不理解大自然？

你怎麼可以不去接近人類？

怎麼可以不去探究人性的底層肌理？

怎麼可以不去讓自己活得像個人？

我們勢必要拉長了耳朵，要聚精會神，要調高音量，要比一般人更用心聽。

我們只是聽了之後，沒有聽話，不是不聆聽。

要如同波特萊爾提出的「漫遊者」（Flâneur）概念。我們居處在任何地方，但眼睛仔細觀看，細細理解，緩緩品味，生活裡各種人物的熙攘進出，要在每個看似尋常的情境中，看到聽到那不尋常，並且享受這個過程。

我們觀看的同時，抱持著開闊的心，不屈服於那既定的體制，不隨便給自己寬闊的肚量穿上束腹，並不屈就於命運嚴厲猛烈的束縛。

我們仔細聽話，但也不聽話。

不聽話地聽話。

保持敏銳的開放

那天拍片前的準備工作中，選角來了許多資料，有好幾位是平常就有廣告演出的專業模特兒，同時也符合我要求有專業技能的舞蹈、瑜伽、運動等背景。我挑了三位，其中有三十七歲、有二十四歲，有三十一歲，都身形健美，具有良好的外型。

製片跟我說，還有一位是casting建議的，是現代舞的舞者，如果需要她創作演出肢體的動作，滿適合的。我看了一下，這位舞者的臉孔比較不是傳統審美觀的，但也納入了對客戶的提案。

在開會的前一晚，也麻煩夥伴另外再幫我追要演員的臉部特寫，說我要看膚質，好確保拍攝的品質。到開會前的一小時，因為我提早到，讀完報紙後，夥伴們也比會議時間提早了十五分鐘。我們再次針對演員選角討論，我本來擇定一、二號演員，也想聽聽客戶的想法。

這時，我眼角瞄到製片手機裡，最後那位舞者的一段影片，我問這是什麼？

她說，噢，是這位舞者拍攝平面照片時側拍的影片。

我仔細看，可能是現場平面攝影師要求那舞者，必須要做出一些動作，於是，她用自己的方式，隨興地踢腿，蹬腳，伸手，然後不斷地在每個動作間停頓，好讓攝影師拍攝。

她的腳並未著地，而是持續連續地動作著。於是，在不斷的頓點中，成為一個奇妙的現代舞。我看了很著迷。

這次的作品我想要談「減法」，談生命中有太多我們的欲望是不必要的，需要把它除去，讓我們更和諧地活著。

我想到的故事是讓一個女子自在地徜徉在自然環境中，並且讓畫面中的元素減到最低。而這個動作中的停頓，不也是生命中的休止符？

你可以掌握，可以在快節奏的生活裡，自己停頓，並且做個整理後，依舊繼續前進，進而保持一個身心和諧的狀態。

這是我想要的。於是，我捨棄了傳統商業廣告習慣的一、二、三號演員，跟客戶建議這位現代舞者。我甚至有點期待這位舞者在讀過我的文字之後，也能為我們創造一個舞碼，主題是減法。

我因為仔細聆聽夥伴的每一句話，小心翼翼地打開天線，主動且有意識地在每個時間點專注尋求可能性，於是在一個照理說已經不可能的時候，有了新的啟發，有了新的想法。

仔細聽話，好讓我有機會可以拋棄傳統聽話的結果，創造不太聽話的可能。

結果會如何，此刻在寫這篇文章的我並不知道。

但我知道，這就是創作。

聽話，並不聽話。

請告訴自己

比一般人更用心「聽」，好有機會可以拋棄傳統聽話的結果，創造不太聽話的可能。這就是創作。

換你練習

1 你在對抗什麼，可以用你的語言寫下來。

2 寫下你今天從世界中聆聽到的，每天寫下來。

3 那些你聽到的，要變成作品中的什麼？列出來，寫下來，讓它發生。

和慣性抗衡一下下就好

忍受爛天氣

最近有支廣告片要執行，主要演員住在高雄，因此讓我想到其實可以去高雄拍攝。因為台北冬季天氣不穩定，常常下雨，想要拍陽光燦爛的外景，有點難以掌握。

常常為了拍出陽光感，我們得千方百計地試著打光，用最大的燈打在演員頭上，但也只能局部定點，演員無法移動，否則必然會穿幫。

可是那樣做出來的畫面，或許有光明，但總是略顯呆板，不夠自然，而且，總是會有些細節顧不到。

明明是要尋求自然環境的舒服愉悅感受，但在執行時，卻毫不自然。

當然，這其實跟某種慣性有關。

台灣的製片器材廠商主要都在北部，製作公司也在北部，或者精準地說，就是台北市。廣告公司、電影公司、電視台、媒體、錄音室、後期影像製作中心也都在台北市，當然，這跟傳統大公司都登記在台北市有關，因為客戶在台北市，從供應鏈的區位關係，自然地形成了一個聚落，而且高度集中。

於是，我們習慣任何拍攝工作都在北部，考慮到我們的工作是以時間計費的，也就是「班」。因此，從器材所在地出發，花費較短時間移動，是比較符合經濟效益的。

不要想那麼多？

過去，我常會遇見，當有人提出離開台北以外的場景時，就有夥伴會說，「不要想那麼多，早點睡較有眠。」

我當下會有點錯愕，我們不是在從事創意產業嗎？怎麼會有人阻止其他人提出與眾不同的想法呢？

後來，我慢慢明瞭，有可能，拒絕人的人過往可能被別人以類似的話語堵住了嘴。所以，他受過那樣的傷，他就很習慣地希望別人不要再重蹈覆徹，因此，他那樣說，說不定是好意，不想要提出想法的人沮喪失望。

你身旁有沒有人常常說，「不要想那麼多！」他可能是好意的，但你未必就得接受那好意。
你可以再想一想。

非帳面上的損害

要發揮經濟效益，其實要影片的品質好。
要是省下了移動帶來的時間成本，卻拍不到好的影像，其實，是另一種帳面上看不到，但事實上更巨大的損失。
花了許多金錢、時間還有人力，卻因為想要近一點好減少移動費用，然後，在較差的天氣條件下拍了晦暗沒有希望感的影像，之後在後期影像製作過程裡，卻得花費更多時間，好用機器的力量去嘗試把影像調成較接近漂亮的狀態，也就是花上更多人的班。
其實，往往吃力不討好，甚至，花上更多錢。
還有，效果不好的時候，你可能將面對作品無法達到預期的影響，讓客戶失望，並進而損失下一次的工作機會。
這不會出現在帳面上，但事實上，損失是更加慘重的。

慣性，會讓你省小錢，卻虧大錢。

想一想的可能性

如果有好天氣，就不必出許多的燈具，就沒有移動距離所產生的費用，也就省下了工作人員的班次。而雖然拍攝地點在南部，但可以搭高鐵，時間減少了，也減少了工作人員的班次費用。最重要的是，我們可能在獲得作品品質上，有較多機會，減少天氣因素帶來的風險。

和攝影師、製片討論後，拜託夥伴們在南部勘景，果然，太陽大得像什麼一樣，讓正在北部飽受寒流和連日冰冷雨勢的我們，看得眼睛都快掉出來了。

真難想像一個台灣兩個世界，怎麼會溫度、日照差異這麼大？

我好奇，上網搜尋，發現，去年（二〇二二）是台灣北部降雨日數最多的一年，而台灣南部是降雨日數最少的一段時期。難怪，北部的大家都悶得可以，原來不是心理上的感覺而已，是真實的降雨天數就有顯著不同。

這是個很小的例子。

但事實上，如果在商言商，這是個巨大的問題。

不要再只求快，電腦比你快

當代任何企業都很清楚理解要適應競爭環境，必須要提出不同的因應策略，我們往往對於價格是敏感的，也常常把價格當做策略衡量標準，但價格絕對不該是唯一標準。

以眼前這個例子而言，我們可能就錯過了一件事，少去觀察我們企業所處的生態環境。當環境改變了，我們沒有察覺，只是嘴上抱怨「好常下雨喔」，可是在實務上，卻沒有因應之道，沒有與時俱進。這或許稱不上怠惰，但可能是因為我們被慣性制約了。

明明你也活在這個環境中，卻因為慣性而無感，只是反射動作。

過去這可能是「捷思法」（Heuristics）的一種，快速反應，有工作來就趕快做，因為後面還有——你成為流水線的一員，快速反應。

但在此時，只剩快速反射。

反應是理解眼前變化做出應對。

那，如果沒有理解眼前世界的變化呢？當然只是做出動作，而不是尋求因應之道啊。

如果，我們都只有在反射，當然就只是膝蓋了，稱不上是大腦（小時候學的膝反射？）

參加任何賽局，第一個要做的不是參加，而是解讀賽局；不是採取行動，而是思考，更多時候，我們尋求的是創見。

以當代而言，若只求快，更是會被淘汰，因為你再快，都沒電腦快，於是，快速反射的你以為的競爭優勢，正在大量流失。

與其快，不如想。

和慣性抗衡

故事還沒結束喔。

我們派遣下去的夥伴，去了兩個不同的城市，看了十幾個點。我們多傾向台南，因為綠意較多，城市建築景較少，同時有海面可以反射波光粼粼。

但，也發現了一個問題，南部地區陽光燦爛，但久未下雨，於是許多綠地變成枯乾草地。因此，我們也還在觀察，如果拍攝日當天，北部的天氣良好，我們就還是在北部拍，若天氣不佳，我們就在南部拍，享受南部的太陽，但避開枯乾的草地，以樹蔭創造綠意。

你說，哎呀，那不是浪費了嗎？

對不起，世界上沒有什麼是浪費的。連你吃的雞排、奶茶都不會浪費，他們會變成脂肪囤積在你的腰部和內臟（欸？說錯了吧）

我們請了一位製片下去勘景，那些景都會成為資料庫，就算這次不拍，我們下次也可以拍，避免常常不同品牌都只能在台北市相同場景裡拍，攝影師被導演我考倒，要求得創造出不同構圖而大傷腦筋。

你說，啊那位勘景的製片時間被浪費了。

請讓我再說一次，他在做的事情，既可以說是拓展可能性，也可以說是買保險，增加作品卓越的可靠度，同時，在這過程裡，他也被鼓勵了，不，應該說，所有團隊的成員都被鼓勵了。大家除了之前的作業習慣外，都會再多想一想，而且是主動地想一想。

如果你是一個企業的擁有者，應該知道要員工願意主動思考是多麼不容易的事。最浪費的是，不在乎環境；最浪費的是，有腦但沒用啦。

請讓我最後再做個小小的分享：

多一事，不如少一事。確實是企業員工最常被養成的慣性。

但，多一事，在未來，可能是一個企業的利基所在。

多一事，更可能是人腦勝過電腦的機會。

擊倒慣性。

在過去，我們稱為創意。

請告訴自己

環境改變了，但我們沒有察覺，沒有因應之道，這或許稱不上怠惰，可能是因為我們被慣性制約了。

換你練習

1 慣性或許方便，但方便麵很便宜。列出你想事情的慣性，十種。

2 列出你這個月用慣性做出的決策，五項。可以包含吃飯、旅行、購物，當然，最好是創作相關的事件。

3 寫下你的反慣性計畫。至少五項，並做到。

此刻，創作絕不徒然

世界仍黑

我四點多就醒了，躺在黑暗中，想著應該寫什麼給你，然後躺到五點起來寫。

天還沒亮，除了桌燈，世界都仍是黑的。

這也沒什麼，應該是創作者的日常，如果你沒有這樣，我會有些驚訝的。

用日常對抗無常

此刻我在咖啡館裡，一邊寫著，一邊關心著家人化療的狀況，這也沒什麼，是種日常，但對我而言非常痛苦。

因為擔憂，因為自己能做的事有限，內心焦苦，感到一種強烈的無力感，想做些什麼卻又什麼都不能做，嗚嗚。

但我也清楚知道，不能浪費這樣艱難的時刻。

做為一個創作者，就是在對抗生命裡的不適，而多數巨大的事件都在挑戰我們的適應力，都在挑動我們的情感神經。

你可能會感到崩潰，可能會覺得悲傷，但無須過分壓抑，要記得試著把它轉化為作品。

未必得是現在，但也不用把它擺到五十年後，因為你的體力和記性未必能經歷時間沖刷後依然強健。

要環保，要啟發

你可能會說，我人生的悲劇對世界有什麼用？

這可以參考亞里斯多德的《詩學》（*Poetics*），這已經有二千五百年的作品，主要原則是認為藝術的本質是模仿，也就是反映現實。

而現實如此靠近此刻的你，努力要創作的你，怎能錯過？

知道不要浪費眼前苦惱的事件，讓我們會更打開感官，關注身旁的細節，記憶當下那不由自主的恐懼，和因這恐懼而被努力誘發應運而生的勇氣。

從珍惜資源的角度而言，不浪費就是環保，你讓自身的問題，用藝術形式轉譯，成為此刻另一個受苦靈魂的救贖。

甚至走得比你遠，活得比你久，影響下一個世代。

在創作時，想著你要說話的對象尚未出生，但卻又和你無比熟悉，因為他遇上的情境和你故事中角色的心境完全貼合。

你啟發了他，這該是多麼有趣的事，多麼值得你完全投入啊。

班雅明的魅力

華特．班雅明做為一位德國猶太人，在一九三三年納粹希特勒上台後，逃亡到法國巴黎，繼續創作；一九四〇年德國攻陷巴黎，他只好繼續逃亡；最後在納粹追捕下，在西班牙和法國邊境服毒自殺，時年四十八歲。

他當然是顛沛的，他在歐洲不同城市間生活、創作，也為自己的遠離故鄉苦惱心碎。但也正因他人生的悲劇，所以他能理解巴黎詩人波特萊爾提出的「漫遊者」概念，以獨到的眼，看穿城市裡人們的生活，以至於內裡的哲學命題。

一九三八年，他完成《柏林童年》（*Berliner Kindheit um neunzehnhundert*），一本在異鄉書寫故鄉的小自傳，書寫時恐怕他已經預期此生再也回不了故鄉，只是他也未必知道自己在兩年後就將了結此生。

他在書裡談起外祖母，我好像聞得到巧克力的味道；談到動物園裡的水獺，我好像也看見那水獺終日的忙碌，整個城市的雨水都彷彿流進了那水池。

奇妙的是，他在世時，作品並不被大量討論，甚至是在默默無名的情況下離世，但近百年後，卻有個東方男子因他的文字在咖啡館裡悸動。

是的，咖啡館，可能是他一生最常停駐創作的地方。

這一切都是真的，真的發生了。

難免，也讓我們相信，此刻的創作，從不徒然。

你要相信！

請告訴自己

不要浪費眼前苦惱的事件，讓自身的問題轉譯為創作素材吧，成為另一個受苦靈魂的救贖。

換你練習

1 寫下此刻困擾你的三件事吧。未必只能用抱怨的方式，試試藝術。
2 轉換成你的創作形式。詩、散文、小說、脫口秀、影像、劇本、繪畫、舞蹈、音樂……。
3 分享給人們，印成書，放到網路，擺在社群，讓它進入世界，真誠的。

心情不好的時候

心情不好，應該是標配

創作的人如果總是心情好，我也會感到奇怪。

我是個每天都在努力追求快樂的人，也很多時候如願。

但總有那些個日子，會感到孤單，會感到憂傷，更常發生的是，我問我自己，現在到底是孤單還是憂傷？我竟然答不太出來。

譬如說今天。

我有點不清楚自己的壞心情，是因為天氣突然變陰天了，還是因為跟人口角，或者是因為家人的疾病，再或許是我自己的焦慮。

首先，還是先接受，此刻，我就是心情不好。

但因為我的工作是創作，所以心情不好，就跟衣服一樣。
我只是今天穿了「心情不好」的這件衣服，倒也沒必要因為我穿什麼衣服就不工作吧。
因為心情不好就不工作，充其量，只能算是怠工的理由。
接著，應該可以試著進一步理解：創作的人有很高的機會心情不好。
因為你有在想。

試著想像：天氣熱的時候，比較會穿短袖。
有在思索的時候，比較會心情不好。

你只是比較常穿短袖的人而已。
沒有多了不起。不必因此覺得自己憂國憂民，比別人優越。
我穿短袖我驕傲。這大可不必。
你只是因為創作，所以比較敏感，比較願意思索，比較會意識到問題，比較會發現自己的問題，比較會感受到世界的問題，並且想要做點什麼。

總之，「心情不好」只是創作者的標準配備，就像汽車的標準配備。
你在創作的道路上，能做什麼、能走多遠、能開多快跟標準配備有關，但絕對不是被標準

配備所限制住，是吧？

更別提，因為標準配備，所以今天不上路了。

走出去

可以考慮一下，就是小標字面上的意思。

走出去，不要待在你家。你得穿上衣服——除了那件心情不好的衣服外——當然你還是可以穿上一件衣服，上面寫「我心情不好」。

心情好時，可以在家創作。

心情不好時，你就是得出門創作。

因為要出門，你得把自己打理好，你會穿上衣服，（到底要說幾次穿衣服？顯示我平常是不穿衣服的），你會被迫要露出微笑，點咖啡，然後你不會在咖啡館裡躺在地上自怨自艾，你至少會坐好，假裝自己是個正常人。

你可以在咖啡館裡繼續創作，就算你心情不好。

重點不是那咖啡館，而是世界，是外人。因為有外人，你會把自己組合好，把自己拼起來，完整地發揮功能，當你繼續下去，你的心情不好，可能還在，但你也還在，還在創作，還在做你真正心心念念的創作。

待在家只會繼續心情不好，出了門除了心情不好，還會試著變好。

因為你真正想要的，不是心情不好，而是你的創作。

Use it!

接受之後，還是得處理。處理你的心情不好，或者，我比較喜歡說，使用它。

Use it!

我覺得很有趣，因為我們是中文為母語的人，所以，當你用不熟悉的語言時，它常常會因為距離感，創造出另一種美感，或者就是一種更巨大的力量。

這是我以前當文案時發現的。

譬如說，Nike的slogan「Just Do It」，一直很難被中文化。

因為怎麼翻譯都似乎失去原來的力量，因為每個單字都很簡單，都是初學英語就會的，可是當組合在一起時，就會迸發出一種邀人立即行動的動能。一種你現在就要揭竿而起，或者只是起床的力量。甚至，可以跨文化，讓不同語言的使用者都感受到那純粹，那推動力道。

多年後，我看到某個政黨在選舉時推出的標語，啞然失笑。笑的原因不是多不好，而是因為我也想過，但想完覺得太弱，不敢提出來。

那一句是，「做就對了」，其實，就是「Just Do It」的翻譯啊。哈哈哈。

好的，我不知道你有沒有笑，但我自己是笑了。

那麼請容我繼續說下去。

Use it!

心情不好是禮物

把你的心情不好當作素材，當作燃料，把你肚爛的事情變成創作的材料，把你討厭的人變成作品中的人物，把你厭惡的事情在創作裡表現，把你此刻那個愁思變成作品的細節。

因為，創作本來就是這樣的東西。你不必花時間在臉書上發牢騷，你不必在Line裡跟朋友抱怨。你是創作者，你可以拿來創作。

而且，我跟你說個祕密，你跟朋友講一個小時很好，你拿來創作一個小時更好。

你的朋友在聽你抱怨時，那一個小時他什麼事都不能做，除非他沒有在聽你說。但你創作完一個小時，你還是可以給你朋友看，而你還擁有了一個作品。

你和朋友的關係可以維繫，不，應該說更緊密，朋友可以更理解你，你也可以從他那邊得到安慰，而朋友不會害怕你每次打電話來都是抱怨，還有最重要的是，你有了作品。

Use it!

創作是人類用來解決心情不好的發明。你怎麼可以錯過？

這樣說來，是不是有點期待心情不好啊？哈哈哈。

這樣說來，我真的有點得意。

你看，我本來只是因為心情不好，所以出門寫東西，結果我的心情不好，成了一個禮物，讓我可以寫出我原本的心情不好，並且在另一位創作者心情不好時可以服用，並且繼續創作，好讓我之後有機會享受到這位創作者的下一個作品。

此刻，我的心情不好，讓我心情好了。

心情不好，是創作者的標配，更是禮物。

恭喜您得獎了！

請告訴自己

把你的心情不好當作素材，當做燃料，把你此刻那個愁思變成作品的細節。創作本來就是這樣的東西。USE IT!

換你練習

1 你今天心情好嗎？

2 你上次心情不好怎麼處理？

3 給我一個你因為心情不好而創作的作品（我是貪心鬼嗎？是，我是）

流行的祕密

勞而不獲

我覺得創作很神祕。

同樣努力，掏盡一切，有時就會有好作品，有時沒有。

比求學時代的讀書考試還不可控。但有時又覺得非常貼心。因為在創作的世界裡，幾乎沒有聽過有人說昨天沒讀書，然後考一百分的，哈哈哈。

大家都很辛苦。然後才可能有作品。但作品未必超好。

沒有不勞而獲，但很常勞而不獲。這或許也是很多人後來轉身離開創作這條路的原因。

對世界而言，那也未必不好，畢竟，創作需要資源，減少資源浪費，終究是稍稍減緩環境的消耗。

只是，創作的人自己，不甘心而已。

血腥星期天

Ｕ２的主唱Bono和吉他手The Edge兩人從美國找來知名的脫口秀主持人大衛・賴特曼（David Letterman）到都柏林，做了一個紀錄片。

他們在六十四歲回頭檢視自己紅遍全世界的歌，弄了一個小型現場演唱會。但是挪去搖滾樂的元素，以更多弦樂，如大提琴家、小提琴家、人聲，重新詮釋。很精采，也做成了一張專輯，值得一聽。

接著，賴特曼問了一個問題，他發現Ｕ２的歌大量跟宗教、信仰有關，和美國許多關在車庫談酒精、大麻、女人的樂團不一樣，這是為什麼？Bono的回答很妙，他大笑著說關於酒精女人的那部分，他待會可以詳談。但他先談信仰。

他說，他得用畫的。

他拿了個平板電腦，用筆在上面畫了一個線條，說這是愛爾蘭，然後在上段畫了條線，這是北愛爾蘭，旁邊又畫了一個，這是ＵＫ。

當時候北愛爾蘭想獨立，而英國鎮壓，其中也包含了宗教信仰的路線之爭，有的人是天主教，有的是新教，彼此衝突不斷，每天都有人被汽車炸彈殺害，也有英國派軍人陣壓，發生了「血腥星期天」（Bloody Sunday）事件。

一九七二年一月三十日，在北愛爾蘭德里博格賽德地區，英國傘兵向正在遊行的市民開槍，造成十四人死亡，十三人受傷。

一九七六年，U2樂團成立的當時，他們才十八歲，都柏林充滿了衝突、仇恨和隨之而來的痛苦。他們都是年輕人，難免也捲入整個時代的不安裡。又遇到一個事情——這件事可能放到世界的天秤裡，一點也不重要——但日後改變了世界。

有個宗教團體對他們的影響很大，而其中的領袖，跑來跟他們說，你們不應該再浪費時間做搖滾樂，你們應該想辦法治癒這個破碎的世界。

對於十幾歲的年輕人來說，這是個巨大的危機。

他們陷入非常大的痛苦裡，尤其是吉他手The Edge，他們甚至因此幾乎要解散樂團，畢竟，誰想要浪費時間？那幾個星期愁雲慘霧，你可能覺得很可笑，但對一群年輕人來說，應該幾乎是天崩地裂吧，想做的音樂被重視的人看待成是無用，是浪費時間的事。

我印象很深，訪談裡，The Edge表情真的很痛苦，講述起這件事依舊帶著極大的心理負擔。我心想，天啊，這事情幾乎是半世紀前了，他怎麼還是那麼難受？

Bono說，後來，The Edge寫出了一首歌，裡面就在談他受夠了，平常不展露太多情感的The Edge，在歌詞裡談論長期以來藏在心中的憤怒，對於眼前世界的血腥衝突，不斷發生的死亡，家庭被迫害，他說夠了。

The Edge甚至直接把歌名用當時那個可怕、人們不太敢談論的血腥事件來命名。

Bloody Sunday

Bono說，他聽到這首歌之後，覺得就是這個，就是這個讓他想繼續做音樂，想繼續待在這個團裡。

〈*Sunday Bloody Sunday*〉，後來成為了搖滾樂的一首聖歌。

他們到美國演唱，演唱會現場的影像傳回了北愛爾蘭，都柏林人看到他們的悲傷憤怒被幾個年輕人在舞台上展露給全世界，他們深深被打動。

全球的樂迷也才理解，有個國家的人民正在這樣的痛苦裡，還有，流行音樂可以這樣做。

他們從這裡開始，成為一個搖滾樂團，甚至是全世界最具影響力的樂團，關注人權，政治迫害，同時還在商業上非常成功。

Bono說，他始終期待著「人們心中的那條線可以消失」，然後，他伸手在那平板上，把他畫的愛爾蘭地圖上面，分隔南北的那條線擦去。

我人生有許多巨大時刻，被U2的歌所激勵，許多獨裁國家政權，也因他們而被撼動。我真心感謝當初叫他們不要浪費時間的人。

他們原本只是要解決自己切身的問題，把那個長久的苦痛心悶解放出來。為了解決自己的問題，成了自己的答案，成了世界的答案。浪費時間的東西？噢，那說的絕對不是搖滾樂。

不要裝模作樣

避免勞而不獲的方式，是不要只是證明你有多厲害。

創作當然是個人的展現，更多時候是才華，可是這裡很容易也產生一個迷思——我們急著要得到名聲，急著要獲得商業報酬，而這個時候，很容易變成，要證明自己很厲害。

當人們沒有覺得你很厲害，或者，可以樂觀地說，人們還沒有覺得你很厲害，這時，你一定很挫折，一定很痛苦，一定很茫然。

另一種情境是，你會感到很空虛，因為只是證明自己很厲害，這對世界可能沒有什麼意義。你自己會知道。

確實，比起任何實質性的工作，做麵包、蓋房子都能讓人感受到有用，而你在做的創作，可能有點空洞。那個人們認定的「有用」，未必對你有用。

那個「沒用」，對你卻絕對有影響。

你會因此誤解，或者被誤導，甚至，放棄。想想如果那個十八歲的Bono放棄了音樂，那才會是世界最大的浪費。

與其急著想要影響世界，不如在創作上好好處理影響你最大的問題。不要裝模作樣，不要浪費時間假裝做你以為很酷的事（欸，我也用浪費時間這詞？）你應該直視你的問題。

你創作，不是要證明你很厲害，而是你要面對的事很厲害。傷害這世界很厲害。

而這樣，你就買了一個保險。保證你做的東西是有意義的。這個意義，不是為了別人，主要是為了你自己，你自己充分感到有意義。

就跟做麵包、蓋房子一樣，你是有用的；就算你寫了一首不夠好的歌，但，至少就跟不太好吃的麵包，不太漂亮的房子一樣，那是有用的。

至少你清楚知道。

這避免了你勞而不獲，你的投入是在解決問題，是有用的。

而有意思的是，這可能也是流行的祕密。

因為你在乎的問題，可能就是別人也在面對的問題，於是，就會有共鳴，人們會因此被你深深打動。

最後，就成了流行。

以我執導的廣告影片為例，當我的作品只是表現自己很聰明的，結果都還好。

但沒有多餘矯飾、單純把我關注的議題帶出的，在YouTube上至少都五百萬瀏覽數，有些在不同平台上轉貼的，加總起來還破兩億，並持續增加。

不是我厲害，是那個問題很厲害。

這就是流行的祕密。

請告訴自己

與其急著影響世界，不如在創作上處理影響你的問題。你在乎的，可能也是別人正面對的，於是，就會有共鳴。

換你練習

1 問問自己你在弄的東西有用嗎？
2 你覺得自己在假裝什麼？
3 你喜歡的你長怎樣，你現在可以做什麼讓你長成那樣？（當然，不是說長相！）

衝浪手與救生員

Eddie Would Go

如果你去夏威夷玩，很容易在商店裡看到印著「Eddie Would Go」字樣的T恤、帽子，多得不得了，背後其實有個故事。

Edward Ryon Makuahanai Aikau在當地是一位傳奇的衝浪冠軍，大家都叫他Eddie，贏得多項比賽，只要講起衝浪就會想到他。他常得面對高達九．一公尺高的巨浪，卻仍舊勇敢地下水，並且勇敢征服巨浪，以強壯的手臂划水，搭配高明的技術，帥氣地站在衝浪板上，贏得比賽的冠軍。

「Eddie Would Go」如今成為一種流行語，衝浪的人們遇見滔天巨浪時互相鼓勵打氣的話。意思是這浪雖然高得嚇人，但要是Eddie還在的話，他一定會鼓起勇氣前去。

當地為紀念Eddie而辦的衝浪比賽就叫「The Eddie」，從一九八五年舉辦到現在，每次只邀請二十八位衝浪選手參加兩輪的競賽。最近二〇二三年的浪，更高達十五公尺高。

不過，我想的是，另一層意義。

Eddie也是歐胡島（Oahu）上威迷灣（Waimea Bay）的第一位救生員，在他看顧那海灣的期間，時常得面對高達三層樓的巨浪，他卻仍舊勇敢地下水救人。以強壯的手臂划水，搭配高明的技術，用他溫暖且厚實的手掌把水底下溺水的泳客救起。（有發現我刻意重複，跟上一段衝浪的描述一樣嗎？）

在他看顧底下，沒有人溺斃。紀錄上，他救了五百多人。

一九七八年二月二十八日，他救起了最後一個人，是位電視製作人John Orland。

後來發生什麼事？

Eddie志願參加了一九七八年的一支海上冒險隊，他們要去嘗試波里尼西亞文化在夏威夷到大溪地島鏈間的傳統航海活動，他們使用的是過去傳統文化裡的雙艉雙帆船叫做「Hōkūle'a」，相對於現代的船較為原始，目的是為了重現祖先的大航海方式。

結果，不幸的，船遇上了災難。

Eddie為了對外尋求援助，一個人跳上了他的衝浪板，衝向廣闊的大海。後來，冒險隊得到美國海岸巡防隊的幫助而獲救，但Eddie卻失蹤了。

人們發起了夏威夷史上範圍最大的一次海空搜索，卻一無所獲。

「Eddie Would Go」真正的意義，不是衝大浪而已，而是在大得嚇人、沒人敢前去的巨浪面前，願意前往，並伸手把他人從浪中救出。

請試著想像，他最後的身影。

在遇到關鍵的危難時刻，為了拯救他人，他隻身前往，從船上丟下衝浪板，躍下，爬上浪板，瞪視著眼前巨大廣漠的大海，衝浪板再長，終究只是其中的一個小點，力量再大，終究不敵大海的力量。

但他還是仰起頭，猛力滑動雙臂，前行。

和創作的身影，很像。

一開始衝浪，後來救人

衝浪是一個人的事。

創作是一個人的事。

此刻的我，當然是自己的。自己一個人，自己想辦法把想說的說出來，這往往是單兵作戰，往往是把自己關起來。可以說是作繭自縛，也可以說是自曝其短。都是自找的。但也因此，我可以說，我是自由的。

因為我自由地對付自己。

沒法靠別人，並且會暴露自己的弱點給別人攻擊，增加丟臉的機會，暴露自身的不足，而且會天下皆知。

這就是創作者要面對的滔天巨浪，之一。

恐怖嗎？很恐怖。

你可以安全地待在沙灘上，在陽傘底下曬太陽，喝冰冰涼涼的飲料，然後偶爾摘下墨鏡，吹個兩下，撥動頭髮，好讓自己看起來優雅帥氣，那，為什麼要把身體弄濕下海去？海上是有浪的，是會死人的。

那我們為什麼還要創作？我們在做什麼？

與其說我們是衝浪選手，不如說我們是救生員。

我不認為創作者只是想炫耀自己的厲害，那是很表象的。若只想炫耀自己的厲害，應該會努力去當有錢人，因為那樣更能有效管理自己被看見的部分。

你可以自己決定要被世界看見的那塊，就是在陽傘下吹風喝飲料的那一段。

創作者先是想挑戰巨浪，以自己渺小的身體但投身到浩瀚的大海中，在看似懸殊的對抗中，跌下又跌下，最後站起。

而這整段跌下站起的過程，在人類的歷史中，勢必會產生意義，勢必會成為一隻強壯的手，解救某個正在困境中嗆著水不知所措、命懸一線的靈魂。

我們一開始衝浪，後來救人。

孤單但不自我封閉

沒有創作者不是孤單的。衝浪板上當然只有一個人。

但別因為你此刻是一個人，就以為世界上都沒有人。

你的作品應當是要給人的，否則，就是日記。

當然，你自己是第一個讀者，就如同Eddie，他當然享受他自己的衝浪技巧，但，不僅於此，他奉獻他的專長，好幫助別人。

我的意思是，你未必要創作什麼光明積極的作品，但你必須意識到，你不是在證明你多厲害，你是在做一件相對來說有意義的事，不只呈現在這世上你的存在，而且你的存在是能夠回應這世界的，是能碰觸另一個人的。

這過程可能很難堪，這過程可能很痛苦，這過程可能未必每次都能盡如你意。

但這過程值得你去付出。

不是為了你自己，你是有意識地孤單，但你並不封閉。

你和世界是有連結的。

•

你是衝浪手，也是救生員。

你划動強健的手臂，儘管它瘦得要命，你依舊堅持著，但你不是為了呈現你的肌肉線條有多立體，你不只是在做單純的自我訓練，你是有所為的。

那隻瘦疼的手臂，破入水中，它終究是為了把另一個人從水裡拉出。

你伸出手，在大浪之前。

請告訴自己

創作時你必須意識到，你是在做一件相對來說有意義的事，你的存在能夠回應這世界，能碰觸另一個人。

換你練習

1 你今天的創作很順利嗎？很孤單嗎？

2 你是做什麼的？衝浪手還是救生員？

3 你有意識到自己在救人嗎？沒有的話，要不要先停下划動的手臂，想一下。

看世界的方法 238

叫你不要創作的，不是對你好的：

123 個創作練習，陪你一起找回快樂

Don’t let them tell you not to create.

圖．文 ——— 盧建彰 Kurt Lu

封面設計 — 謝佳穎
內頁設計 — 倪旻鋒
責任編輯 — 施彥如

董事長 —— 林明燕
副董事長 — 林良珀
藝術總監 — 黃寶萍

社長 ——— 許悔之
總編輯 —— 林煜幃
副總編輯 — 施彥如
美術主編 — 吳佳璘
主編 ——— 魏于婷
行政助理 — 陳芃妤

策略顧問 — 黃惠美．郭旭原
郭思敏．郭孟君
顧問 ——— 施昇輝．林志隆
張佳雯．謝恩仁
法律顧問 — 國際通商法律事務所
邵瓊慧律師

出版 ——— 有鹿文化事業有限公司｜台北市大安區信義路三段106號10樓之4
T. 02-2700-8388｜F. 02-2700-8178｜www.uniqueroute.com
M. service@uniqueroute.com

製版印刷 — 沐春行銷創意有限公司

總經銷 —— 紅螞蟻圖書有限公司｜台北市內湖區舊宗路二段121巷19號
T. 02-2795-3656｜F. 02-2795-4100｜www.e-redant.com

ISBN ——— 978-626-7262-33-7
初版 ——— 2023年8月16日

定價 ——— 400元

叫你不要創作的，不是對你好的：123 個創作練習，陪你一起找回快樂 / 盧建彰（Kurt Lu）作—初版．
— 臺北市：有鹿文化 2023.9．面；（看世界的方法；238）1. 修身 2. 自我實現

ISBN 978-626-7262-33-7　　192.1……………………… 112012485